Für jede Begegnung in meinem Leben danke ich, sie hat dazu beigetragen, Erfahrungen und Erkenntnisse zu sammeln.

Möge dieses Buch jedem gewidmet sein, der einen Weg zu sich selbst sucht.

Ich danke Euch...

Monika Reiz

Was Dir Dein Name sagen will

VERLAG PETER ERD · MÜNCHEN

Die Deutsche Bibliothek – CIP-Einheitsaufnahme

Reiz, Monika:
Was Dir Dein Name sagen will / Monika Reiz. – München :
Erd, 1991
 ISBN 3-8138-0219-1

2. Auflage
Umschlaggestaltung: Design-Studio Augsburg
Illustrationen: Monika Reiz
Copyright © Verlag Peter Erd, München 1991
Alle Rechte, auch die des auszugsweisen Nachdrucks, der Übersetzung
und jeglicher Wiedergabe, vorbehalten.
Satz: Digital Satz und Druck GmbH, Schrobenhausen
Druck und Verarbeitung: Presse Druck Augsburg
Printed in Germany
ISBN 3-8138-0219-1

Inhalt

Einführung:
Das große Geheimnis 7

Die Botschaft der Buchstaben (von A–Z) 17
Der Buchstabe als Orakel 49

Beispiele der gebräuchlichsten Namen 53
Weibliche Vornamen 55
Männliche Vornamen 151

Zusammenfassung 235

Einführung:
Das große Geheimnis

Ein Name birgt ebenso viele Geheimnisse wie der Mensch, der diesen Namen nach seiner Geburt erhalten hat. Ein Fremder stellt sich vor, mit seinem Namen, sagt ein paar Worte, vollzieht eine Geste und schüttelt seinem Gegenüber vielleicht die Hand. Schon in den ersten Sekunden einer Begegnung hinterläßt ein Mensch einen Eindruck, und wir versuchen uns ein Bild von ihm zu machen. Natürlich erfassen wir nicht auf Anhieb den ganzen Charakter eines Menschen. Unsere Reaktion gilt dem, was wir sehen. Unsere Sinne arbeiten auf Hochtouren, um hinter die Fassaden zu sehen. Man versucht, sich eine Meinung zu bilden, stellt Vermutungen an und bewertet den Gesprächspartner, wird aber oft durch Äußerlichkeiten getäuscht.

Eine Hilfe, seine Mitmenschen besser kennenzulernen, ist die Analyse der Namen. Denn es ist kein Zufall, welchen Namen wir erhalten. Jeder Name birgt eine Fülle von Botschaften, die uns erkennen lassen, warum wir hier sind, was wir zu lernen haben und wie wir mit den sogenannten kleinen Schwächen umgehen können. Sogar Entwicklungen, die wir im Laufe des Lebens, auch bei einer Partnerschaft, durchmachen, sind im Namen erkennbar. Das Wissen, das hier dargestellt wird, ist nicht neu, aber die neue Betrachtungsweise bietet uns Möglichkeiten der Selbsterkenntnis an.

Wie der einzelne damit umgeht, ist seine freie Entscheidung. Möglichkeiten zur Veränderung bieten sich immer wieder an.

Lange Zeit, bevor eine physische, grobstoffliche Erscheinungswelt entstand, dirigierte die geistige Grundfrequenz das Geschehen – eine Lebensform in höheren Bewußtseinszuständen und anderen Dimensionen. Je tiefer, das heißt, je langsamer die geistigen Schwingungspotentiale zu rotieren begannen, um so mehr manifestierte sich der grobe, materielle Zustand. Dieser Vorgang ist uns als »Schöpfungsmythos« bekannt, bei dem das Universum und die Welt, wie sie uns heute vertraut ist, entstand. Schöpferische Vibrationen setzten sich in Manifestationen um.

Wenn wir Materieteilchen zerlegen und mit allen möglichen technischen und chemischen Methoden untersuchen, gewinnen wir Erkenntnisse über Entwicklungen, die sich evolutionsbedingt verändert haben, Lichtmanifestationen, die nicht nur die verschiedenen Schwingungselemente widerspiegeln, sondern sogar das geistige Grundpotenzial erkennen lassen. In jedem Teilchen ist der geistige Plan oder das geistige Grundfundament vorhanden. All diesen Erkenntnissen geben wir einen Namen und eine Bezeichnung.

In unserer heutigen Gesellschaft wird alles mit einem Namen versehen, damit es sich für uns zum besseren Verständnis darstellen kann. Bevor sich die Menschheit aber durch Schrift mitteilen konnte, bestand die Verständigung durch eine Sprache. Bevor es eine Sprache gab, waren es Artikulationen, durch die man sich verständigte. Würden wir das ganze noch weiter zurückverfolgen, kämen wir zur Emotion, zum Gefühl, zur Gedankenkraft und letztlich wieder zum Licht!

Somit ist für mich alles in der Materie Erkennbare und Wahrnehmbare eine verdichtete Lichtsubstanz, die sich in jedem einzelnen Schwingungszustand – in Materie, Wort, Laut, Buchstabe oder Zustand – offenbart!

Wenn wir mit diesen Schwingungselementen wieder sinnvoll umgehen und sie bewußt einsetzen würden, könnten wir eine große breite Brücke entdecken, um in einen anderen Zustand zu gelangen.

Denn so wie die Sterne geneigt sind, um dem Menschen Erkenntnisse über sich selbst zu eröffnen, sagt auch der Name des einzelnen viel über Charakter und Veranlagung aus. Wir alle sind Namensträger, das bedeutet: Lichtträger. In der Bibel sind einige Hinweise zu finden: »Gott erschuf den Menschen ihm zum Ebenbilde.« – »Licht erzeugte Licht.« »...und aus der Erde formte er, und es entstand das Leben.« Alle Bausteine des Lebens, der Erde, der großen Mutter, wurden zu einem Grundmuster verwendet, und wir tragen alle Bausteinchen der Erde in uns. Somit haben sich Geist und Materie zu Verbündeten, zu Partnern zusammengeschlossen. Die geistige Grundstruktur des Lichtes versucht sich durch und in jeder Lebensform zum Ausdruck zu bringen. Diesem geistigen beziehungsweise diesem Lichtpotenzial wieder näherzukommen, es zu erkennen, dafür reicht ein einziges Leben nicht aus. Wir benötigen sehr viel Zeit, um zu begreifen, wer wir sind und was wir sind!

Aber es gibt Hilfsmittel, durch die wir Klarheit über unsere Bestimmung gewinnen können. In unseren Namen, die uns nicht zufällig verliehen wurden, spiegeln sich bestimmte Anlage und Qualitäten wider.

Im Vornamen, stellt sich eine kleine Persönlichkeit dar, und zugleich trägt er in sich unseren Seelenaspekt, also das, was die Seele entwicklungsmäßig bereits mitbringt. Wir erkennen den geistigen Reifegrad und die Aufgabe, die in dieser Inkarnation zu erarbeiten ist.

Der Familienname stellt das Verbindungsfeld dar – das, was als Karma bezeichnet wird. Es ist erstaunlich, daß sich die Veränderungen in unserem Leben geistig sowie physisch auch in der Namensveränderung darstellt.

Früher war es üblich, daß die Frau bei der Hochzeit den Namen des Mannes annehmen mußte. Die Entfaltung der Frau wurde durch diese Gewohnheit begrenzt. Heute haben Frauen die Möglichkeit, ihren Mädchennamen beizubehalten, und Männer können den Namen der Frau übernehmen. Das bedeutet für beide neue Entfaltungsmöglichkeiten. Vor einigen Jahrzehnten wäre dies noch undenkbar gewesen, aber so ändern sich die Zeiten, die Gepflogenheiten, die Ansichten, Aussichten und Einsichten.

Früher wurden Staatsoberhäuptern eine ganze Reihe von Namen angehängt, die oft kein leichtes Los darstellten, denn so mancher Name drückte das Leid der Vergangenheit aus. Die Könige und Kaiser hatten es nicht leicht, denn durch diese Verkettungen wurde die eigene geistige Entfaltung zurückgedrängt. Heute ist es nicht anders!

Bemerkenswert ist unser Verhalten unseren Partnern gegenüber. Es gibt unzählige Kosenamen, wenn man sich glücklich und verstanden fühlt: Schatzimaus, Bussibär, Muckerl und Schnuckerl, Kätzchen und Schätzchen und vieles mehr. Hängt aber der Haussegen schief, sprechen wir uns mit den vollen Rufnamen an, um die Persönlichkeit herauszufordern und zur Verantwortung zu ziehen. Die kleine Tine wird nun zur Christine, eine Gitta heißt jetzt Brigitta, und aus dem Maxl wird der Maximilian. Bei der bewußten Anrede mit vollem Namen lassen wir den anderen in die Selbstverantwortung treten, wir behandeln ihn als selbständiges denkendes und handelndes Wesen. Wir verlangen und erwarten etwas vom anderen.

Selbst kleine Kinder, die langsam und mühevoll beginnen, ihren Namen zu sagen, können einen Erwachsenen irritieren, wenn sie mit Nachdruck darauf hinweisen, daß sie zum Beispiel Florian heißen und nicht Flori. Sie bestehen darauf, ihren Namen voll ausgesprochen zu hören, und das mit Recht! Dieses Verhalten, das nicht nur Kindern zu eigen ist, zeigt deutlich, daß sich die Persönlichkeit entwickelt. Es ist immer wieder zu beobachten, daß ein Mensch, der sich Selbstwertgefühl erarbeitet hat und sich selbst bewußter geworden ist, Wert darauf legt, mit seinem vollen Namen oder sogar mit seinem Titel angesprochen zu werden.

Oftmals ergeben sich bei einer Namenserteilung die kuriosesten Situationen, auch wenn viele glauben, es wäre alles nur ein Zufall.

Vätern, die zum Standesamt eilen, entfallen die ausgesuchten Namen, und es werden andere eingesetzt. Oder ein Standesbeamter wehrt sich gegen eine Schreibweise und setzt zum Beispiel ein i statt ein y ein. Manchmal erscheint ihm der Name so fremd, daß er sich weigert, ihn zuzulassen – dann muß kurzerhand ein anderer eingesetzt werden. Oft sind sich die Eltern von Anfang an im klaren über den Namen, den ihr Kind einmal tragen wird. Sehr oft träumen werdende Mütter den Namen, oder er fällt ihnen in dem Moment ein, in dem sie ihr Kind in den Armen halten. Wir glauben, daß sich Eltern Namen für ihre Kinder suchen und sie einfach bestimmen, aber der Schein trügt. Es gibt keine Zufälle. Ein Name ist »fällig«, er »fällt« dem Kind »zu«, und die Intuition bestimmt ihn. Jeder bekommt den richtigen Namen verpaßt. Er gehört zu uns wie unsere Haut. Selbst ein Findelkind bekommt den Namen der ihm zusteht. Man sagt zwar, es gebe Modenamen, die sich nach bestimmten Persönlichkeiten oder Idealen formen, doch diese sind wiederum eine Widerspiegelung der geistigen Situationen, die sich in einer Familie, Gesellschaft oder in einem Volk entwickelt haben!

Der Zeitgeist prägt das Leben mit. Wenn wir in die Vergangenheit blicken, können wir Rückschlüsse auf die geistige Entwicklung der Menschen ziehen. Denn auch im Bereich der Namen haben sich Veränderungen ergeben. Früher wurden Berufe im Nachnamen ausgedrückt oder die Vornamen ließen Umstände und Bedingungen während der Geburt erkennen. Sprache und Schrift haben sich zur Klarheit entwickelt. Später wurden die blumigen Umschreibungen präziser. Diese Entwicklung ist in den einzelnen Völkern und Ländern sehr unterschiedlich. Die gesamte Menschheit befindet sich derzeit in einer gewaltigen Umbruchphase, bei der das Bewußtsein erweitert wird. Diese Entwicklung ist in allen Ausdrucksformen des Lebens zu erkennen. So beginnen sich allmählich aus allen Informationsangeboten Hilfsbrücken zu entwickeln, die es dem Menschen leichter machen, sich wieder bewußt zu werden. Daß diese Bewußtwerdung nicht stattfinden kann, wenn man die Hände in den Schoß legt und darauf wartet, daß der liebe Gott einem Erleuchtung schenkt, ist ja wohl klar. Die eigene Arbeit, die Arbeit an sich selber, bleibt keinem erspart.

Viele haben in Orden oder Sekten Zuflucht gesucht und dort einen anderen Namen bekommen. Sie gleiten in eine Rolle, die ihnen meist nicht zugedacht war. Dadurch ergeben sich Erfahrungen und Erkenntnisse, die scheinbar für das Leben des einzelnen notwendig sind.

Natürlich gibt es Menschen, die nicht mit ihrem Namen einverstanden sind und ihn deshalb ablehnen. Sie finden sich selber häßlich und stehen mit sich und der Welt auf Kriegsfuß! Sie haben ihre eigene Persönlichkeit noch nicht entdeckt und können mit ihrer Lebensqualität noch nicht umgehen. Gibt es irgendwann den Prozeß der Selbstfindung, dann sagt man ja zu sich, zu seinem Namen und zum Leben!

Ob ein Asiate, ein Franzose oder ein Russe – sie alle tragen den ihnen zugedachten Namen. Übersetzen wir ihn in unsere Sprache und Schrift, so können wir lernen ihre Qualitäten zu entdecken. Wir sollen uns jedoch hüten, eine Bewertung vorzunehmen, diese Analyse sollen nur zum besseren Verstehen dienen. Bei uns allen versucht sich das geistige Element durch das physische zum Ausdruck zu bringen, und diese Erkenntnisse führt uns alle zu ein und dem selben Ziel. Der einzige Unterschied ist im Zeitfaktor zu finden, aber früher oder später erreichen wir alle unser Ziel – das große Licht.

Wir können davon ausgehen, daß alle Menschen, die den gleichen Vornamen haben, ähnliche Anlagen in sich tragen oder sich mit ähnlichen Problemen auseinandersetzen müssen. Die geistige Entwicklung, die nicht mit Intelligenz zu verwechseln ist, kann jedoch unterschiedlich sein. Wenn wir uns eine Spirale aufzeichnen, so ergeben sich jeweils die bestimmten horizontalen und vertikalen Ebenen. Man könnte sagen, daß sich auf jeder Spirallinie ein Fahrstuhlschacht befindet, der irgendwo in der obersten Linie beginnt und in der untersten endet. Es gibt für jeden einzelnen einen individuellen spirituellen Aufzug. Deshalb kann keiner nur durch eine Namensveränderung seine Situation von Schatten in Licht verwandeln. Nur durch Erkennen und Anwenden ergeben sich Veränderungen. Das Wissen muß sich in die Tat umsetzen.

Wir werden in einen Familienverband hineingeboren, in dem wir lernen müssen zu bestehen. Es ist wie ein Arbeitsfeld oder eine Schulklasse, die uns ein Lernpensum vermittelt. Seien wir dankbar für jedes Übungsfeld, das sich uns anbietet, denn nichts kommt von ungefähr. Uns fällt im richtigen Augenblick zu, was uns die besten Lernmöglichkeiten bietet.

Gibt es etwas Namenloses? Es gibt zwar Dinge, die wir noch nicht verstehen oder erkennen können, aber für jeden kommt ein Lebensabschnitt, in dem er lernt zu erkennen. Dann schaut er hinter die sichtbare Form, und seine Bewußtwerdung vollzieht sich. Man könnte auch sagen, er wird in die geistigen Grundgesetze des Lebens eingeweiht. Seine Intuition läßt ihn Erkenntnisse zuteil werden, die ihm auf die Fragen: Warum bin ich hier? Worin besteht meine Aufgabe? antworten. Eine Antwort kann der Name bieten.

Die Natur ist erfüllt von Klängen. Wenn wir genau zuhören, nehmen wir das Rauschen des Windes in den Bäumen, das Zwitschern der Vögel, das Summen der Insekten, das Plätschern der Quelle wahr. Wir hören die Laute, aber wir verstehen sie nicht. Alles möchte sich aktiv mitteilen, seien es die Tiere, die Fische im Wasser, die Mineralien in der Erde, die Blumen im Garten oder die Menschen. Jedes Lebewesen kann sich seiner Art mitteilen und sich verständlich machen. Die Sprache ist eine wunderbare Mitteilungs- und Ausdrucksform. Wir sind in der Lage, nicht nur den Gedanken zu formen und Gefühle zu empfinden, sondern wir können alles, was uns bewegt in Worte fassen und an unsere Mitmenschen weitergeben. Das ausgesprochene Wort kann Heilung oder Chaos bedeuten. Wären wir sensibel und spirituell genug, könnten wir auch die Sprache der Natur verstehen.

Menschen, die sich mit Tieren und Pflanzen verständigen können, vollbringen keine Wunder, denn der Mensch kann durch Liebe und Intuition in eine Kommunikation mit dem Leben in jeglicher Form treten. Wenn wir aber nur auf Äußerlichkeiten, auf Materie ausgerichtet bleiben, ergeben sich sehr einseitige Erkenntnisse. Menschen haben beides in sich, Geist und Materie. Wir müssen lernen, den Fluß der Lebensenergie als eine versorgende und stärkende Kraft zu nutzen. Ohne die Intuition ist es nicht möglich, aus dem unendlichen Ozean des Göttlichen bewußt zu schöpfen.

Unsere Lebensaufgabe ist es, Einklang zwischen Geist und Materie oder die Einheit zwischen Körper, Geist und Seele herzustellen. Das Schwingungselement heißt Intuition. Sie entspricht der Seelennatur, dem schöpferischen geistigen Urelemt. Jeder ist seiner Bewußtwerdung entsprechend intuitiv, das heißt, er schöpft aus einem Kraftreservoir, in dem er Erfahrungswerte und Qualitäten gespeichert hat, die nichts mit Intelligenz oder dem Verstand zu tun haben.

Die Intuition ist ursprünglich und natürlich, sie stellt die Verbindung zum Göttlichen dar und ist der lebendige Fluß der Seelennatur. Dieser Strom wird häufig als Seelenkanal oder Antakarana bezeichnet, was soviel heißt wie: Schöpfe aus dem Licht deiner göttlichen Natur, deiner göttlichen Gegenwart oder deiner »*ICH BIN Gegenwart*«. Nachdem es der trägen Masse schwerfällt, sich immer dem höchsten Energiestrahlungsfeld anzupassen, fällt sie immer wieder in die Materie zurück.

Die Intuition ist in jedem menschlichen Wesen vorhanden. Je stärker sich aber das Ego, die ichbezogene Persönlichkeit entwickelt, um so härter wird der innere Widerstreit der Gefühle, die eine Ahnung oder Sehnsucht emporsteigen lassen, daß die Materie allein nicht Sinn und Zweck des menschlichen Daseins sein kann und daß sich irgendwo eine gewisse Art von Vollkommenheit, Frieden, Freiheit, Harmonie, Liebe und Glück einstellen muß. Diese Sehnsuchtsgedanken fließen aus einer höheren Bewußtseinsebene in die Persönlichkeitsebene, um dem einzelnen einen kleinen inneren Anstoß zu geben. Sehr oft entsteht daraus Unzufriedenheit mit dem eingefahrenen Zustand, und es beginnt eine Suche nach Verbesserung.

Die Intuition strömt wie die Sonne durch die Baumkrone. Stärkt den ganzen Baum, den Menschen, und fördert sein inneres und äußeres Wachstum. Die Kraft der Sonne – der Intuition – fließt durch den Stamm, durch die Gehirnzentrale, durch alle Nervenzentren, Chakren, durch das Herz, die Gefühle und durch das Rückenmark. Sie flutet bis in die Füße, in das Wurzelwerk. Diese stärkende Kraft der Information, die durch die Intuition vermittelt wird, befähigt den Menschen, sich aufzurichten und innerlich ausgerichtet zu sein. In dieser inneren Haltung wirkt sich die Energie positiv und aufbauend aus.

Bewegt sich ein Mensch jedoch nur auf der Persönlichkeitsebene, dann senkt er sich herab zur Verdichtung, zur Materie und er hat für nichts anderes mehr Augen und Ohren. Mit einer solchen Haltung wird der Mensch sehr schnell einseitig –

ihm fehlt das geistige Kommunikationsfeld, das Göttliche. Wenn nur der Intellekt das Dasein bestimmt, bleibt eine große Quelle der schöpferischen Fähigkeiten verschlossen.

Ein Weg zurück zur Natur heißt nicht, in alte Verhaltensformen zurückfallen, sondern sich dem Ursprünglichen zuzuwenden und die Verbindung zum Licht wiederherzustellen.

Die einzelnen Buchstaben stellen sich deutlich in einer intuitiven Form dar. Unser Alphabet zeigt uns in seiner heutigen Form 14 Bilder, die die gerade aufrechte Haltung der Intuition widerspiegeln:
B, D, E, F, H, I, J, K, L, M, N, P, R, T.
In der Symbolik der Vollkommenheit stellen sich ebenso zum Teil abgewandelte Buchstaben vor:
O, C, G, Q, S.
A, V, W, X, Y und *Z* sind fast spiegelbildlich – ebenso die Umlaute: *Ä, Ö, Ü.* Die großen Vokale symbolisieren das, was der Mensch als geistige Anlage mit in die Wiege gelegt bekommen hat. In seinem Namen trägt er sein geistiges Erbe mit sich herum, meist ohne sich dessen bewußt zu sein. Es gibt keinen Buchstaben, der eine negative Qualität aufzeigen könnte. Es gibt jedoch Zustände negativer Art, die der einzelne durch sein Verhalten entstehen läßt, wenn er sich nur der Materie zuneigt. Dann verkleinert sich der Mensch, seine Lebensenergie schmälert sich. Aus einer aufrechten Haltung wird eine gebeugte. Aus einem großen *I* wird so ein kleines *i*.

Aus der unterschiedlichen Zusammensetzung der einzelnen Schwingungspotenziale ergeben sich die geheimen Botschaften. Steht ein Buchstabe mehrmals in einem Namen, so ergibt sich ein gewisser Nachdruck oder eine Aufforderung dem vorgegebenen Plan zu folgen (zum Beispiel... *Isis* oder *Osiris, Anna* oder *Otto*).

Bei der Tätigkeit im Umgang mit den Schwingungselementen können wir eine gewisse tabellarische Aufteilung vornehmen: Der senkrechte Kanal ist jeweils der Intuitionskanal, durch den die schöpferischen Fähigkeiten fließen. Hier gilt die Einteilung der Polarisation – das heißt oben und unten, Himmel und Erde oder Geist und Materie. Das Mentale sitzt an oberster Stelle, in der Mitte die Emotionalebene beziehungsweise das Gefühl, und an der untersten Stelle steht die Handlung oder das Leben (Beispiel: *E*).

Betrachten wir als erstes die fundamentalen Botschaften der einzelnen Buchstaben. Später wenden wir uns Namensbeispielen zu, um die Schwingungszustände und Informationen zu entschlüsseln.

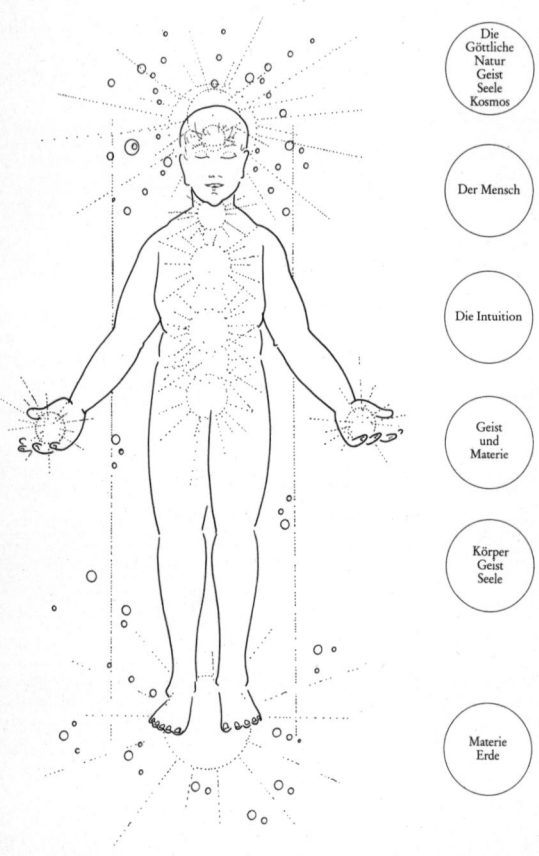

Die Botschaft der Buchstaben
(von A–Z)

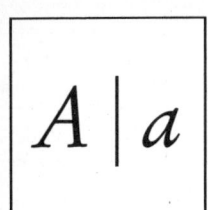

A wie Arbeit, Anlage, Anfang, Antwort. *A* symbolisiert die Anlage, die auf die Pilgerreise, genannt Leben, mitgegeben wurde, und ist eine Aufforderung, die schöpferischen Kräfte zunutzen.

Das *A* ist wie ein Füllhorn. Es schüttet seinen Inhalt aus. Es steht mit beiden Beinen auf dem Boden und wird von einer sicheren Verankerung auf beiden Seiten gehalten. Dadurch ergibt sich eine gerade ausreichende Arbeitsspanne die notwendig ist, um das Leben nach dem großen Plan zu gestalten. Das *A* stellt auch Vertrauen dar. Denn Vertrauen ist ein Grundbaustein für die geistige Entfaltung. Steht das *A* am Anfang eines Vornamens, so heißt es Arbeit. Steht es am Ende, ist es die Aufforderung, die Qualitäten, die schwingungsmäßig dazwischenstehen, anzuwenden. Der Auftrag lautet: Arbeite an dir und mit den Kräften, die in dir ruhen. Steht das A in der Mitte eines Namens, lassen sich oft Veränderungen feststellen, die aber immer Aufforderungen zur Aktivität in sich tragen. Ein träges Leben gibt es nicht.

Ist ein Mensch nur auf materielle Werte bedacht, dann schmälert er seine Lebensenergie und verkleinert so seine geistigen Anlagen.

Das kleine *a* symbolisiert das, was der Mensch aus seiner wertvollen Anlage macht. Wenn er alles tut, damit das Ego, die ichbezogene Rolle, wächst, dann tut er sich schwer. Er schleppt einen kleinen Rucksack mit sich herum, in dem er alles verstaut und festhält. Das *a* macht sich klein, es erniedrigt sich und leidet unter der schweren Last. Es will seine Vergangenheit nicht loslassen, bis der Körper unter der Belastung leidet und sich krümmt. Das schlägt sich zuerst in der Wirbelsäule nieder. Es können – bei völliger Mißachtung der inneren Anlagen – Deformierungen und Gelenkschwierigkeiten entstehen.

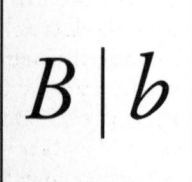
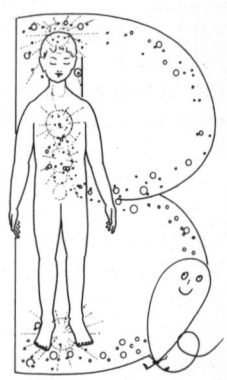

B wie Balance, Bewegung. *B* verkörpert das Ausgewogene, wie oben so auch unten. Weich und anschmiegsam mit Feingefühl und Verstand wird über die Intuition die Verbindung zwischen Körper, Geist und Seele hergestellt. Das *B* trägt die große Gabe in sich, das geistige mit dem Materiellen zu verbinden und das Mentale mit dem Emotionalen in Einklang zu bringen. Durch das weiche ausgewogene und abgerundete (stehend als *B*, liegend als *W*) neigt auch der Körper oft zu »Rundungen«. Verstand und Gefühl halten sich die Waage. Somit herrscht auch ein tiefer Sinn für Gerechtigkeit, der intuitiv hervorgerufen wird. Eine große geistige Qualität.

Da vom geistigen Grundfundament Ausgewogenheit strömt, führt menschliches Fehlverhalten zu unausgeglichenen Verhältnissen.

Wenn die Intuition fehlt, zieht das B mehr und mehr in die feste, grobstoffliche Natur, die sich der Erde schwerfällig zuneigt. Es entsteht eine starke untere Wölbung nach außen. Das heißt Schwerfälligkeit des Körpers, des Geistes, unausgeglichenes Verhalten bis hin zur Egozentrik kann sich entwickeln, bis sich letztlich eine absolute Verneinung der eigenen Werte einstellt. In diesem Fall entstehen die Verneinung und Ablehnung der eigenen Qualitäten und ein gestörtes Körperbewußtsein. Versteigt sich das B noch tiefer in der Äußerlichkeit, entwickelt sich eine aufgeblähte Persönlichkeit, die sich selbst überbewertet. Bindungen werden festgehalten und die Aufmerksamkeit wird mit vielerlei Mittelchen auf sich gelenkt.

Die Persönlichkeit des kleinen b erwartet sehr viel Lob. Körperlich neigt es dazu, Unstimmigkeiten im Stoffwechselbereich hervorzurufen, denn der Energiefluß wird leicht abgedrosselt. Was man hat, will man behalten. Eigentlich kann man dem kleinen b nur sagen: Nimm dich an, so wie du bist, denn in dir liegt so viel Schönes und Liebenswertes, was dein Leben bereichern kann. Laß los und halte nicht fest, was dich selbst bindet.

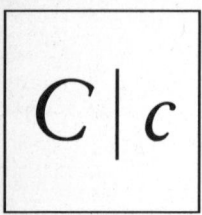

C wie Christuskraft, das große Chi. Das C ist offen und noch nicht abgeschlossen in seiner Schöpfung. Es versucht, sich an allem Neuen zu orientieren, um sich zu vervollkommnen. Es sucht immer nach neuen Wegen, um die Kreativität produktiv einzusetzen. Das C hat eine starke innere Schubkraft, die es befähigt, neue Arbeitstechniken in Angriff zu nehmen. Ebenso bringt es Aufgeschlossenheit und Wissensdrang zum Ausdruck. Das C möchte alles so perfekt wie möglich machen. Es fühlt sich wie eine halbe Sonne, sucht deshalb nach dem Ergänzenden und fühlt sich oft unverstanden. Es trägt in sich die Gabe, die Fülle des Geistes zu nutzen, ohne auf Vergangenes zu blicken. Das geistige Feld entspricht einer Neuoffenbarung!

Wendet es sich jedoch der Materie zu, bläht sich die kleine Persönlichkeit auf. Sie hängt dann irgendwo in der Luft und verliert manchesmal den Boden unter den Füßen.

Fällt es noch tiefer in die Materie, und lehnt es jegliche geistige Natur ab, dann kann das kleine c, zu einer unangenehmen Beißzange werden. Es kann sich an Bagatellen festbeißen und stur und fanatisch an seiner Situation festhalten. Es kann berechnend und egozentrisch werden.

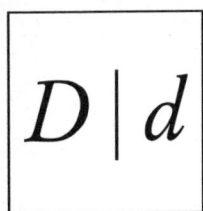 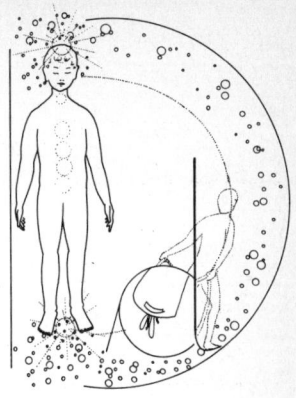

D wie Demut, Disziplin, Deutung, Durchgang. Das *D* ist wie ein Durchbruch zum Licht, zum Ziel. Das *D* birgt eine starke Kraft, die das Leben gestaltet. Die Fähigkeit, aus dem geistigen Erbe zu schöpfen, befähigt es, das Notwendige mit dem Nützlichen zu verbinden. Ideenreichtum läßt manches spielerisch erscheinen, obwohl harte Arbeit und Disziplin dahinterstecken.

Das *D* muß lernen, die eigenen Begrenzungen zu überschreiten, denn nur dann kann es das Gesamte erkennen. Eigentlich ist das D die Ergänzung zum C. Dem *D* fällt es schwer, sich an die Vergangenheit oder an frühere Inkarnationen zu erinnern. Gleitet es langsam in die Materie, dann fühlt es sich selbst oft eingeschlossen. Es erkennt nicht, daß es den Zustand selbst verursacht hat.

Fällt es noch tiefer in die Verhärtung, wird das Wissen zur Last. Alles, was im Mentalen aufgefangen wurde, wird in den »Rucksack« gesteckt. Es fällt schwer, sich von alten Gewohnheiten zu lösen, und die Empfindsamkeit wächst. Der »Rucksack« ist ähnlich dem kleinen *a*, und so fühlt sich das kleine *d* in seiner Vergangenheit gefangen. Nur durch Konsequenz erreicht man das Ziel.

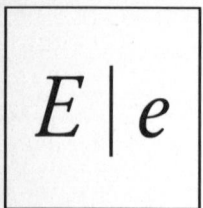 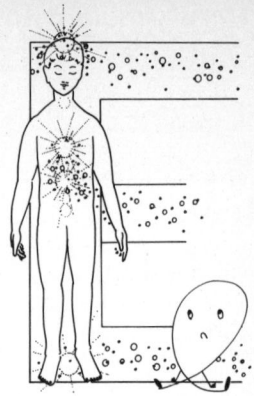

E wie Einsicht, Einheit, Erbe. Das große *E* trägt die Gabe in sich, Körper, Geist und Seele als Einheit zum Ausdruck zu bringen. Verstand, Gefühl und Handlung bringen sich harmonisch zum Ausdruck. Es stellt zugleich die Entsprechung – wie oben so auch unten – dar. Deshalb steht die große Aufforderung im E, dem Leben bewußt zu begegnen, um die Verbindung herzustellen.

Wenn das *E* in die materielle Ebene sinkt, kann es große Enttäuschungen erleben, dadurch beginnt es zu leiden und macht sich meist noch kleiner.

Das kleine *e* wird träge, fast schwerfällig, es möchte am liebsten alles weit von sich schieben, und es fällt ihm sehr schwer, etwas anzunehmen, um es für das eigene Wohlbefinden umzusetzen.

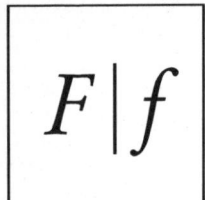 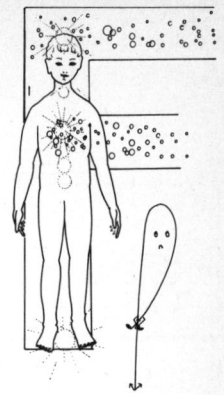

F wie Frieden, Freiheit, Freude. Das *F* steht wie eine Säule, erfüllt mit Unternehmungsgeist und Tatendrang. Die Fähigkeit, Verstand und Gefühl zu vereinen, ruht tief in seinem Wesen.

Wenn es beginnt, sich in die Materie zu vertiefen, schwankt der Boden unter seinen Füßen. Oft stellt es sich an wie ein Seiltänzer auf dem Hochseil mit einem Schirm in der Hand dar.

Verstrickt es sich noch tiefer in der materiellen Ebene, bläht sich das Ego auf. Es plustert sich auf wie ein kleiner Vogel, der die Flügel spreizt. Die Persönlichkeit will absolut nichts hergeben, und so hängt es starr und verstrickt in seiner eigenen Marter-Materie.

G wie Großes, Glaubenskraft, Gold, Gut, Geld, Gabe, Geist. Das *G* enthält die Gabe, in sich selbst ruhend zu wirken. Es kann aus dem Innersten heraus schöpferisch tätig sein. Die geistige Natur befähigt es, Geist und Materie so gut miteinander zu verbinden, daß in allen Lebenssituationen immer der Schritt nach vorn unternommen wird. Durch diese Schubkraft erarbeitet sich das *G* meist eine beruflich sichere Position; dadurch drängt es unweigerlich in die Materie.

Es kann sich seine geistige Ausgewogenheit bewahren, wenn es den Kopf oben behält und erkennt, daß sich in jeder sichtbaren Form die geistige Offenbarung verbirgt. Daraus ergibt sich die Fähigkeit, wie ein Stehaufmännchen durch das Leben zu eilen. Nach unangenehmen Konfliktsituationen schüttelt es sich wie ein Pudel, der aus dem Wasser kommt, und geht sofort in neue Lebensschritte über. Beruflich gesehen steht es mit beiden Beinen auf der Erde, obwohl die Fülle geistigen Wissens angenommen werden kann, wird es eher nüchtern als euphorisch damit umgehen.

Je tiefer es sich mit der Materie verbindet, je verneinender es sich der geistigen Natur über verhält, um so kleinlicher wird es. Es ist dann so geerdet, daß es alles in seinen Rucksack verstaut.

Wenn es sich seine natürliche Schubkraft bewahrt, entleert es von Zeit zu Zeit den angestauten Zustand, der für die Umgebung wie ein Orkan sein kann.

Rutscht es aber noch tiefer in die Verhärtung, dann wird das kleine g zänkisch. Wie ein Anker, der es an die Materie bindet, beginnt es auf der Stelle zu treten, es wird kleinlich, vergangenheitsbezogen und ist nur noch im eigenen Egotrip verhaftet, denn es hat durch die Verhärtung vergessen, seinen geistigen Plan zu erfüllen.

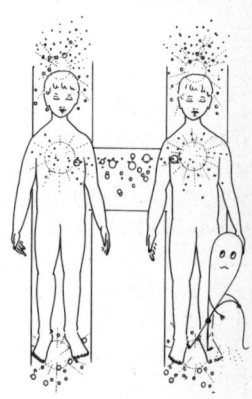

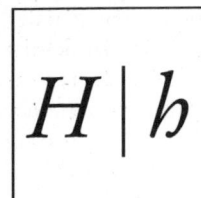

H wie Himmel, Heil, Helligkeit, Herz. Das große *H* birgt den Himmel in sich. Sein geistiges Gut gibt ihm die Kraft, Herr über die Materie zu sein, denn es trägt sein Herz voran. Es lebt mit der Intuition, Verbindungen zu erspüren, die es mit dem Verstand nutzen kann. Diese geistige Gabe befähigt, Rückblick in bereits angesammelte Erfahrungswerte zu nehmen. Erinnerungen an frühere Inkarnationen lassen es zu, daß sich in gegenwärtigen Handlungen Weisheit, Güte und Liebe zum Segen und Heil der Umgebung ausdrücken können. Seine geistige

Stärke liegt in der Verbindlichkeit, und der Herzlichkeit. Es bringt Harmonie und Gleichgewicht zum Ausdruck. Dadurch ergibt sich ein starker Sinn für Gerechtigkeit – geistig sowie physisch. Es steht mit beiden Beinen sicher auf der Erde, den Kopf im Himmel.

Beginnt es sich aber der unteren Ebene, der Materie zuzuwenden, dann kann sich der Himmel zu einer kleinen Hölle entwickeln. Es hält alles, was ihm in der Vergangenheit lieb und teuer war, fest. Sehr oft geht es in ein Traditionsbewußtsein über. Es hängt an alten Verhaltensmustern, und es leidet, wenn Versuche, alte Werte zu bewahren, scheitern. Viele Ideen erfüllen den Mentalbereich, aber sie sind nicht immer in die Tat umzusetzen. Manchesmal könnte man sagen, zwei Seelen wohnen in seiner Brust, eine hält das gestern fest, die andere Seite sieht sich bereits im Morgen. Dabei kommt jedoch die Gegenwart zu kurz.

Gleitet es tiefer ab, fällt es schwer, die vorhandene Intuition zu nutzen und umzusetzen. Die Materie nimmt alles in sich auf. Wie ein Sack, der nach unten geöffnet ist, entgleiten dem kleinen *h* die Unternehmungen. Dadurch wächst die Persönlichkeit, das Ego. Es bläht sich auf und verlangt sehr viel Lob und Aufmerksamkeit. Dadurch merkt es oftmals nicht, daß ihm etwas Wertvolles entgleitet. Es fühlt sich besonders stark und verschwendet seine Lebenskraft. Es fühlt sich dann schnell erschöpft, weil es vergessen hat, die Kraft seiner geistigen Gaben zu nutzen.

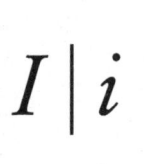 

I wie Intuition, Ideal, Ideelles, Idee. Das *I* trägt die höchste Gabe, deren sich ein Mensch bedienen kann, in sich. Die Intuition, bietet dem *I* die Möglichkeit, aus der höchsten Ebene seines Bewußtseins zu schöpfen. Der Mensch ist die Verbindung zwischen dem Kosmos und der Erde. Es trägt die empfangenen Impulse und Informationen in die Materie. Das *I* stellt die große Verbindung her und steht als Symbol für den Baum.

Diese höchste Resonanz macht es möglich, schöpferische Kräfte, Gedanken und Impulse zum Segen der Umwelt weiterzuleiten, ohne selbst zu erschöpfen.

Wenn es sich der materiellen Seite des Lebens verschreibt, hält es Vergangenes fest und behindert den eigenen Fortschritt. Manchmal hüllt es sich in den guten Taten, die es vollbracht hat, wie in einen Kokon ein. Es will für Vergangenes Lob und Bestätigung und ist enttäuscht, wenn die eigene Vorstellung unerfüllt bleibt.

Wenn es sich ganz in die Materie begibt, erniedrigt das kleine *i* sich selbst. Es neigt zur Melancholie, verneint sich selbst und kann sich weder geistig noch körperlich annehmen. Dadurch gibt es auch im körperlichen Bereich Spannungszonen, die sich meistens im Wirbelsäulenbereich abzeichnen. Wenn das kleine *i* zur Verdichtung neigt, sieht es nur noch Materie. Es hat keine Augen mehr für den Himmel, und es beginnt zu leiden.

Es befindet sich in einer bedrückten und erdrückenden Haltung, die ihm sogar das Atmen erschweren kann.

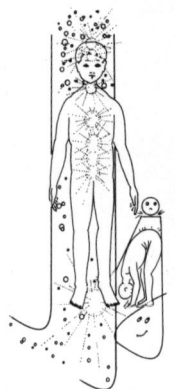

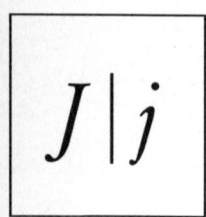

J wie Ja. Änlich wie das *I* hat das *J* bereits Erdung, die es befähigt, die Intuition umzusetzen, ohne dabei in irgendwelche geistigen Höhenflüge zu entgleiten. Durch die tiefe Verankerung stellt es sich auf die eigenen Beine und ist befähigt, sich selbst ohne Anstrengung zu verwirklichen. Die Kraft im unteren Bereich schiebt es nach vorn und fördert die Entwicklung.

Schenkt es der Materie mehr Aufmerksamkeit als dem Geist, verfestigt es sich. Das festhalten an alten Mustern behindert das Vorwärtsschreiten.

Neigt es sich voll und ganz der Materie zu, dann ergeht es ihm ähnlich wie dem kleinen *i*. Das sich so erniedrigende *j* beginnt zu leiden. Es widmet sich seiner Vergangenheit und verliert dadurch den Kontakt zur Gegenwart, denn es gönnt ihr keinen Platz. Es fällt dem kleinen *j* schwer zu vergessen, zu verzeihen oder gar zu vergeben. Es verneint seine eigentliche Anlage, und dadurch ergeben sich Spannungszonen, die sich sehr oft in den Gelenken, den Beinen oder der Wirbelsäule widerspiegeln können.

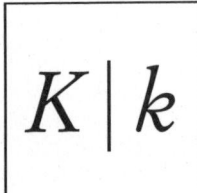

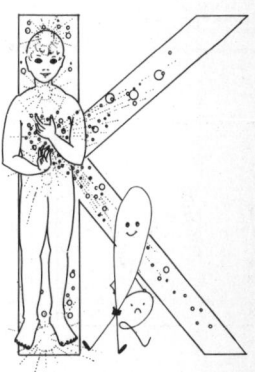

K wie Klarheit, König. Das *K* hat eine besondere Veranlagung. Es steht im Strom der Intuition sicher auf den Füßen. Es erhält geistige Erkenntnisse, die es in die Materie trägt. Das *K* muß diese Informationen über sein Gefühl verarbeiten und kann dadurch diplomatisch und weise handeln. Es fällt ihm schwer, sich an die Vergangenheit und zurückliegende Leben zu erinnern, denn seine innere Kraft drängt es dem Leben entgegen. Eine Fülle des geistigen sowie physischen »Reichtums« ist ihm bestimmt.

Verstrickt es sich in die materielle Struktur, so verschließen sich die intuitiven Wahrnehmungen und Erkenntnisse. Es beginnt, Altes festzuhalten, und es fällt ihm schwer loszulassen oder zu vergeben. Aber es hat immer noch die innere Schubkraft, neue Anläufe zu nehmen.

Erniedrigt es sich und wird zu einem kleinen *k*, dann entwickelt sich in ihm ein sehr kompliziertes Denkvermögen. Die Persönlichkeit bläht sich auf und schnürt sich wie mit einem doppelten Gürtel ab. Es möchte etwas und weiß nicht, wie es zu erreichen ist. Dadurch glaubt es, sich nur auf der Stelle bewegen zu können. Diese verzerrte Wahrnehmungsfähigkeit kann sich oftmals auf das Sehvermögen auswirken. Ebenso können die Stoffwechselorgane betroffen sein, oder man stolpert über seine eigenen Beine. Die Schwierigkeiten, sich durchzusetzen, machen das kleine *k* schwerfällig.

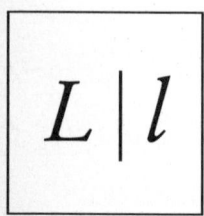

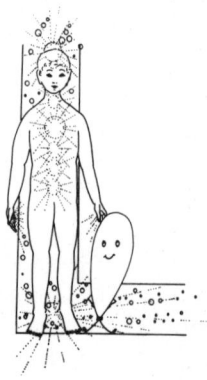

L wie Leben, Licht, Liebe. Das *L* symbolisiert das Leben in der Gegenwart, in der man Grundlagen für die Zukunft schafft. Im großen *L* liegt die Gabe, aus dem geistigen Kraftfeld göttlicher Vollkommenheit über die Intuition alle schöpferischen Fähigkeiten in den Lebensweg einfließen zu lassen. Es sagt klar und deutlich: lebe dein Leben. Das Vertrauen auf die innere geistige

Führung läßt das *L* mit hohem Bewußtsein und Selbstachtung auftreten. Die Achtung vor dem Leben als Ausdruck schöpferischer Kräfte läßt es wachsam erscheinen.

Wendet sich das *L* der Materie zu, verzerrt sich diese Wachsamkeit. Man hat zwar den Kopf oben, aber voller Ideen. Es ist manchesmal schwierig zu unterscheiden, ob die Intuition oder das Ego, also Wunschvorstellung, die treibende Kraft ist. Oft neigt das *L* dazu, das Spiel des Lebens nicht mehr ernst genug zu nehmen. Es stellt sich dann erhaben über die Dinge.

Wenn es in die Tiefe rutscht und so seine Fähigkeiten schmälert, ist das kleine *l* sehr labil und empfindlich. Schon kleine Gemütserregungen können Lawinen auslösen, die erschreckend für das Umfeld sein können. Diese erhöhte Empfindsamkeit steigert das Persönlichkeitsfeld und bläht es auf wie einen Luftballon. Es schnürt sich in seiner Lebensqualität und Energie ab. Sehr häufig liegt ihm etwas im Magen und wird dann meistens nicht richtig losgelassen.

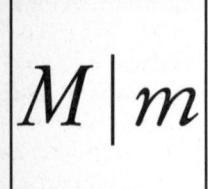
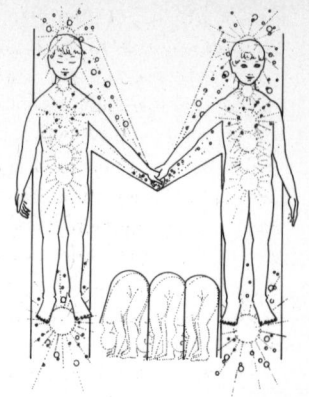

M wie Mutter, Meer, Maya. Das *M* trägt in sich Vergangenes und Gegenwärtiges. Es hat die große Gabe, intuitiv auf die positiv angesammelten Erfahrungswerte früherer Inkarnationen zurückzugreifen. Altes Wissen wird ihm im richtigen Augenblick bewußt. Durch dieses Bewußtwerden trägt es den Sieg in sich. Das große *M* entspricht zugleich einer alten, das heißt bereits bewußt erwachten Seele mit geistigen Erkenntnissen und einem bestimmten geistigen Reifeprozeß. In seinem Wesen birgt es die Kraft der großen Mutter – Gegenpol oder das Ergänzende zum großen Vater – denn das *M* trägt das *V* in sich. Die beiden Polaritäten ermöglichen dem *M*, Gefühl und Verstand weise und verbindlich zum Ausdruck zu bringen. Es steht nicht nur mit beiden Beinen auf der Erde, sondern ist sich voll bewußt. Es kann dadurch wie eine festverankerte starke Säule wirken, die nichts aus dem inneren Gleichgewicht werfen kann. Altes Wissen wird mit Neuem verbunden, alte schöpferische Fähigkeiten werden zum Segen des Lebens eingesetzt.

Neigt sich das *M* der Materie zu, versucht es, bis an die Grenzen der äußersten Reserven zu gehen. Die Intuition wird verzerrt und Entscheidungen fallen schwer. Es beginnt träge zu werden.

Wenn es sich in der Verdichtung verstrickt, erniedrigt es sich und schmälert seine gesamte Lebenskraft. In der ständig gebeugten Haltung beginnt ein Kampf ums Überleben. Man sieht nicht mehr die schönen Seiten des Lebens, sondern hängt der Vergangenheit nach. Es ist eine absolute Selbsteinengung, und wieder leidet die Körpersubstanz. Man könnte sagen, ein dreifaches Leid. *m* – dreimal gebeugt! Auf die Dauer gesehen ist es unmöglich, sich ein Leben lang so zu halten. Der Trugschluß liegt in der eigenen Verhaltensform, im Annehmen der Tatsache, daß es immer der Geist ist, der die Materie lenkt und nicht umgekehrt. Dieser Trugschluß vermittelt dem *m* das Gefühl zu leiden. Einengung bringt Angst und Unsicherheit mit sich. So muß das *m* lernen, sich von Altem zu lösen – von Gedankenmustern, Verhaltensformen, religiösen und weltlichen sowie politischen Anschauungen und Traditionen. Das tut dem kleinen *m* weh, und es verfällt gerne in einen Allerweltsschmerz.

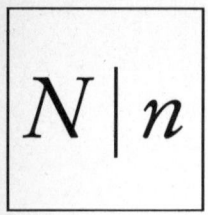
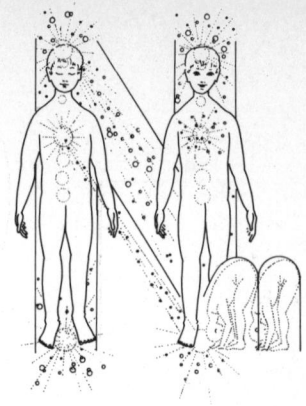

N wie Neues, Nähe. Das große *N* steht wie das *M* im Strom seiner Intuition, die sein Leben erfüllt. Seine Wahrnehmungsfähigkeit ist etwas begrenzter, denn es genügt dem *N*, das zu entdecken, was für das eigene Leben notwendig ist. Geistiges Gut der Vergangenheit wird durch Arbeit mit der Materie wieder bewußt gemacht. Wenn sich das *N* mit einer Information über ein bestimmtes Wissensgebiet beschäftigt, können ihm die weiteren dazu notwendigen Erkenntnisse über den Intuitionskanal zuströmen, ohne daß er sich anstrengen muß. Das *N* stellt Verbindungen her und schlichtet Streitereien.

Neigt sich das *N* der Materie zu, klammert es sich an die Vergangenheit. Sein Verhalten wird dadurch leicht eckig, und die Herzenswärme ist oft nicht spürbar. Darunter leidet das *N*, denn es kann sich nicht so klar ausdrücken, wie es denkt, da die Gefühle versteckt werden.

Rutscht es vollends in die Materie ab, wird das kleine *n* träge. Es glaubt manchmal, in eine Sackgasse geraten zu sein und wartet sehnsüchtig darauf, daß irgend etwas die Befreiung herbeiführt. Das *n* quält sich mit seiner eigenen Trägheit und kann dadurch oftmals ungerecht werden.

O wie Oh! Ordnung. Das O ist wie ein großes Fragezeichen, denn es enthält alles! Die gesamte Schöpfung ist in ihm vorhanden. Ein Anfang ohne Ende, der ewige Kreislauf. Eine Fülle, aus dessen Inhalt es schöpfen kann. Es trägt in sich bereits die Polaritäten, wie Yin und Yang. Es ist wie eine Sonne, die alles in sich birgt und die Umgebung segnend und heilend überstrahlt. Die Fülle des Lichtes befähigt es, unendlich viele Talente und Qualitäten zum Ausdruck zu bringen, die nicht erst mühsam erlernt werden müssen.

Beginnt sich das O aus der schöpferischen Ebene in die Materie zu versenken, dann wird alles erst einmal mit dem Verstand betrachtet. Wenn die Logik nicht in der Lage ist, die vielen kleinen Mosaiksteinchen, die zur Erkenntnis notwendig sind, zusammenzufügen, wird vieles unter den Tisch gekehrt. Nicht mehr das Herz entscheidet, sondern der Kopf.

Das kleine o erniedrigt sich selbst und hat dadurch oft das Gefühl, daß ihm alles über den Kopf wächst. Chaos breitet sich aus, weil die Kraft aus dem Vollen zu schöpfen, nicht wahrgenommen wird. Der eigene Horizont kann sich dementsprechend verengen, und die kleine menschliche Natur versucht, sich aufzuspielen, damit eine Art Ausgleich hergestellt werden kann. Da es aber nur etwas Aufgeblähtes ist, kann es ebenso schnell in sich zusammenfallen wie ein Luftballon, dem die Luft entweicht. So kann das kleine *o* Raserei entwickeln. Die Materie wird angesammelt, und man füllt sich.

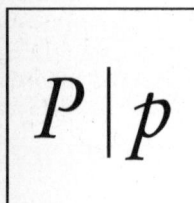

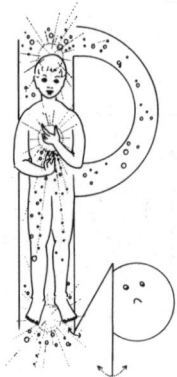

P wie Potential, Pendel. Das *P* steht im Strom seiner Intuition und sein Herz ruht in der Mitte. Es ist erfüllt von hohen Ideen und Plänen. Sein Verstand und sein Gefühl sagen ihm stets das Richtige. Die Intuition befähigt das *P* alle Gaben in sein Leben hineinzutragen, so wirkt es sicher und ausgeglichen, denn jeder Schritt wird bewußt mit Kopf und Herz unternommen.

Wenn sich das *P* der Verdichtung zuneigt, fällt es ihm oftmals schwer, die im Kopf vorhandenen Ideen zu verwirklichen. Es kann eine leichte Unbeweglichkeit entstehen, die zwar die Gedanken nicht hemmt, aber die Durchführung behindert.
　So gleitet das *P* noch tiefer und wird wie ein Traumtänzer. Ideale Vorstellungen entgleiten immer wieder. Diese Kopflastigkeit erdrückt das *P*, und es verkleinert sich.

Hat es sich selbst erst einmal erniedrigt, dann ist das kleine *p* kleinlich. Es stolpert über seine eigenen Fußangeln und über seine eigenen Widerwärtigkeiten.

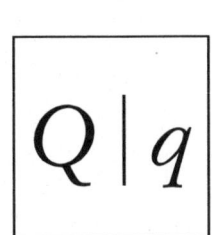

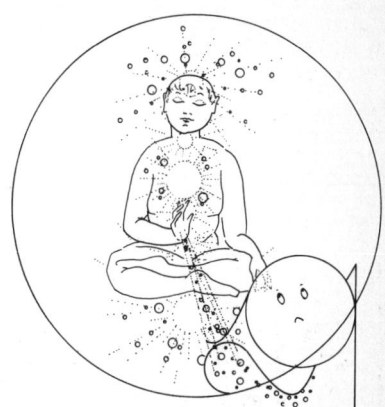

Q wie Quelle. Das große Q trägt ebenso wie das O eine schöpferische Fülle in sich, die genau im richtigen Augenblick dosiert zum Ausdruck gebracht wird. Es kann sich wie ein Ventil öffnen, um der Umgebung das gerade Notwendige zuteil werden zu lassen. Oft ist ihm eine Stärke zu eigen die als Weisheit bezeichnet wird. Diese göttlichen Gaben sind ihm in die Wiege gelegt.

Neigt es sich der unteren Ebene zu, orientiert es sich nur noch nach materiellen Dingen. Der Intellekt sammelt Informationen und will alles wissen. Herz und Verstand kommen sich im wahrsten Sinne des Wortes dabei in die Quere. Es zieht unweigerlich in die Tiefe.

Verkleinert fühlt sich das kleine *q* isoliert, denn es fällt ihm schwer, über seinen eigenen Schatten zu springen. Es vergräbt sich in Grübeleien und versteift sich gern auf bestimmte vorgefaßte Meinungen. Es entwickelt dabei oftmals eine schmerzhafte Härte.

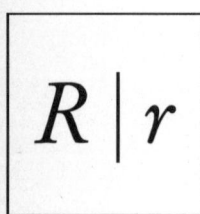

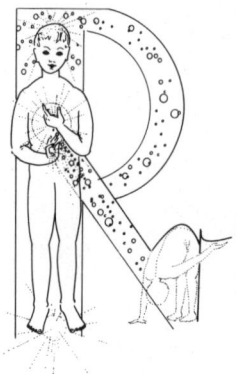

R wie Reinheit, Reichtum, Recht. Das *R* steht fest im Licht der Intuition, gerade und aufrecht nimmt es die großen geistigen Gaben in sich auf und läßt die Inspirationen über das Herz fließen. So trägt es die Fähigkeit der universellen Liebe in sich und ist ständig bemüht, dem Christusgeist entsprechend zu handeln. Es trägt die Gabe der Erneuerung ins Leben. Die Materie wird liebevoll mit dem Geist gelenkt. Die reine Urkraft der Liebe bringt sich im großen *R* zum Ausdruck.

Verschreibt es sich mehr der weltlichen Natur, hält es die Vergangenheit fest, und die hohen ideellen Werte werden nicht mehr mit dem Feingefühl der Liebe wahrgenommen. Emotionen können einem verstrickten *R* im Magen liegen. Häufig verschließt es sich dann der Umwelt, ist frustriert und stemmt sich mit Händen und Füßen dagegen, etwas zu verändern.

Macht sich das *r* noch kleiner, dann hängt es in der Vergangenheit, wird kleinlich und geizig. Es kann sehr kritiksüchtig werden, aber große Stücke von sich selbst halten. Das Gefühl der Herzlichkeit und Wärme verwandelt sich zu Kälte und Härte. Dem kleinen *r* geht es gar nicht gut, denn es leidet und erduldet die eigenen Belastungen.

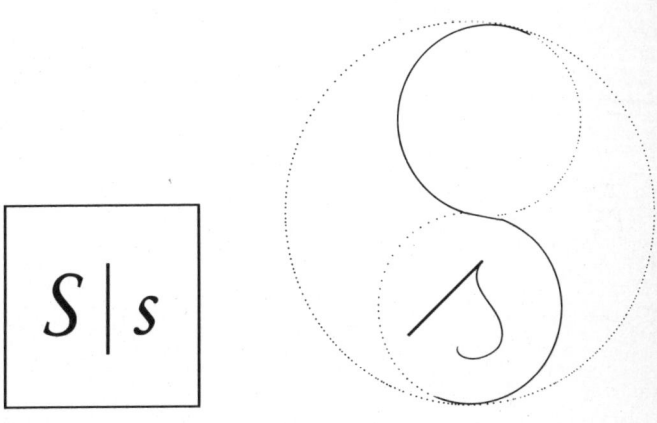

S wie Sonne, See, Schlange. Das *S* ist das uralte Symbol der Schlange, der Schlangenkraft der Urkraft. Die Schlange ist das Symbol für Lebenskraft, sie ist weder gut noch böse. Diese Lebensenergie stellt zugleich die sogenannte Kundalinikraft und die Wirbelsäule dar. Durch den Rückenmarkskanal fließt die Lebensenergie, die geistige sowie physische Versorgung. Auch die »heilige« Kraft des Atems wird durch bewußte Anwendung zu einer Schleife, einer Acht. Ein kosmischer Atemzyklus ruht im *S*, denn Yin und Yang sind in ihm vorhanden. Lebensfreude und Stärke sind eine kostbare Gabe und Fähigkeit des großen *S*.

Beginnt es, sich mehr der Materie zuzuwenden, dann verliert es schnell den Boden unter den Füßen, es hat keine Ausdauer und ist sehr ungeduldig.

Wenn es voll in die Materie eingeht, wird das kleine *s* zu einem Peitschenschlag, der sehr verletzen kann, sich selber und sein Umfeld. Das, was als universelle Liebesfähigkeit beim großen *S* bemerkenswert ist, rutscht durch die Materienbindung in die untersten Regionen und kann dadurch als purer Sex bezeichnet werden. Nur die eigenen Belange und Wünsche werden befriedigt.

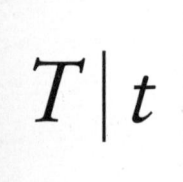

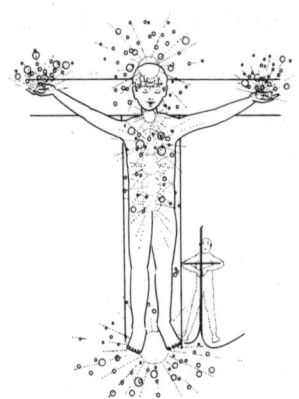

T wie Treue, Traum, Tag, Tor, Tür. Das *T* trägt in sich die majestätische Erhabenheit und Weisheit, die es befähigt, die Materie zu besiegen. Das *T* ist geistig wie physisch Lenker und Beherrscher der Lebensenergie. Die Intuition stärkt das bewußte Leben des *T*. Kopf und Herz lassen es zu einem liebevollen, weisen Herrn in seinem Reich sein. Sein Sieg über die sichtbare Formenwelt läßt es wie ein Ank erscheinen.

Wenn es sich mehr der Materie zuwendet, verzerrt sich die

reine Intuition, und die Illusion beeinträchtigt das Leben des *T*. Gedankenformen lassen sich nicht verwirklichen und zerplatzen wie Seifenblasen. Auf seine Umwelt wirkt es wie ein Traumtänzer. Es hält zwar krampfhaft an der geraden Linie, die es erkannt hat, fest, aber es kann sich nicht mehr so frei entfalten. Es sei denn, es beginnt sich wieder mit dem geistigen Gut zu verbinden.

Geht es noch tiefer in die Verdichtung, regiert das Kreuz. Das Leid wird zum eigenen Kreuzgang, solange sich das kleine *t* nicht dagegen wehrt. Dabei kommt dem kleinen *t* der Mythos der Kirchen wie gerufen. Denn das Kreuz muß getragen und das Leid muß ertragen weden. Würde es sich nicht selbst erniedrigen, würde sich dieser mißliche Zustand sehr schnell ändern.

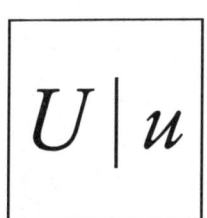

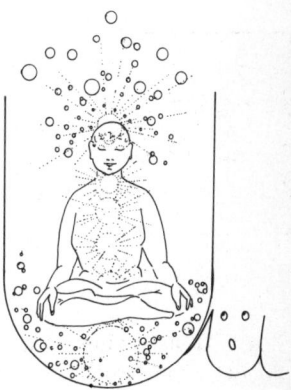

U wie Urkraft, Ursache, Urgrund, Ufer. Das *U* trägt in sich eine Fülle geistigen Wissens. Es ist offen für geistige Informationen, die sich ihm anbieten. Das *U* hat Beziehung zur höchsten und vollkommensten Form wie zu untersten Bereichen. Es stellt eigentlich in seiner Grundform das Gefäß für geistige Inspiration dar. Ebenso kann es Rückerinnerungen vom Anbeginn seiner eigenen Individualität bewußt werden lassen. Geistiges Gefäß zu sein bedeutet, Kanal zu sein.

Sinkt es langsam in die materielle Betrachtungsweise, dann erniedrigt es sich, es macht sich klein, das kleine *u*. Die Materie ist so nah, und das kleine Gefäß kann nur das aufnehmen, was naheliegend ist. Destruktive Gedankenformen, depressive Muster nisten sich sehr oft in dem kleinen *u* ein, und es ist selbst entsetzt über die eigene Unfähigkeit, aus den selbstgeschaffenen Zuständen herauszukommen.

Es kann sehr kritisch auf die Umwelt wirken. Sehr oft sind es die unteren Körperregionen die sich unangenehm bemerkbar machen.

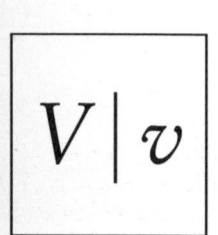

V wie Victory, Venus, Versprechen, Vater. Das *V* ist das Zeichen des Sieges. Mit dieser Kraft ausgestattet kann das große *V* aus der Fülle seiner Erfahrungen schöpfen, um für sein Leben einen Sieg zu erringen. Es trägt gerade so viel Siegeskraft in sich, wie für diese Lebensspanne notwendig ist. Das *V* steht für das männliche Prinzip, für den »Vater«. Die Ergänzung wäre das weibliche, wie im *M*.

Dreht mann das *V*, wird es zu einem *A* = Arbeit.

Beginnt es sich zu erniedrigen, wird es zu einem kleinen *v*. Die Situation ist begrenzt, und das *v* kann nur das Naheliegendste erkennen. Eitelkeit und Egozentrik beherrschen das kleine *v*.

Vor Überraschungen ist niemand sicher.

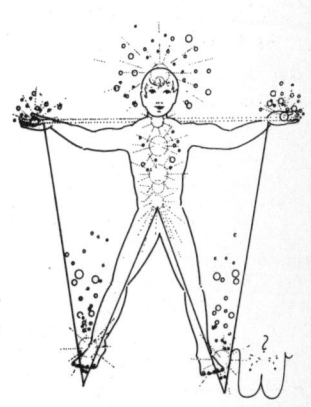

W wie Weisheit, Weichheit, Wahrheit, Wärme. Das große *W* ist wie eine Waage, ausgewogen durch die Kraft des Geistes, die mit dem Herzen zusammen handelt. Eine innere Balance ist ihm zueignen. Die Weichheit ist mit Sanftmut zu vergleichen, mit Zärtlichkeit und Einfühlungsvermögen.

Das *W* trägt in sich die Kraft des Vaters sowie die Kraft der Mutter.

Neigt es sich mehr zur Materie, dann verändert sich das Kräfteverhältnis. Wie ein Wasserträger muß es lernen, das Gefäß gleichmäßig zu füllen, da sonst eine Einseitigkeit entsteht.

Je tiefer es sich in der Materie verstrickt, desto labiler wird es. Die Tatkraft läßt zu wünschen übrig. Unausgeglichene Zustände lassen das kleine w sehr wankelmütig werden. Die Last der eigenen Sphäre geht in die unteren Körperregionen. Mann könnte sagen, »es werden einem die Knie weich«.

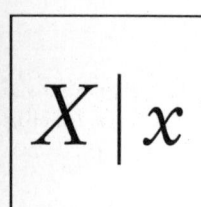

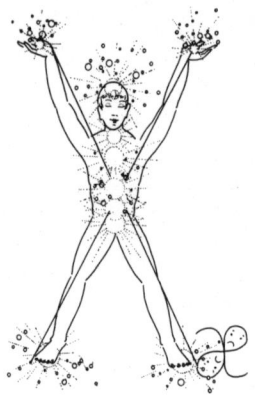

Das große X besteht aus zwei Teilen. Das obere v trägt den Sieg in sich (v), das untere symbolisiert Arbeit ($\wedge$). Zugleich bedeutet das X Geist und Materie. Der Kreuzpunkt liegt über der Gefühlsebene.

Wenn es sich mit dem materiellen Denken identifiziert, entsteht eine verzerrte, eine verzwickte oder verhexte Situation. Zwei Seelen wohnen dann im kleinen x. Die Persönlichkeit fühlt sich hin- und hergerissen.

Je tiefer es sich verfestigt, um so bindender wird das x. Es kann sich doppelzüngig darstellen und bringt sich selber dadurch an den Rand der Vernichtung. Dabei entstehen nicht erwünschte Niederlagen, die schwer auf dem kleinen x lasten.

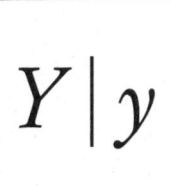
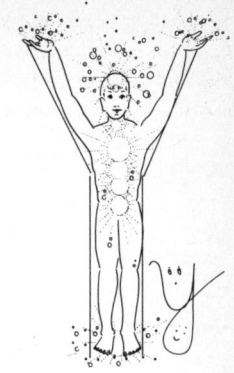

Das große Y steht sicher in seiner Intuition, um die göttlichen Gaben bewußt in sich aufzunehmen. Es ist zugleich das Gefäß, in dem sich unerschöpfliche Kräfte befinden. Sieg durch das Umsetzen der Intuition ist sein Bestreben.

Rutscht es einige Oktaven tiefer in das Persönlichkeitsbewußtsein, wird es zu einem Gefäß vieler Ideen, die ähnlich wie beim U wirken. Die Schubkraft, die es durch die untere Verankerung erhält, stellt es immer wieder auf die Füße. Es fällt ihm stets etwas Neues ein, um alte Zustände zu verbessern.

Sinkt es jedoch in die reine materielle Denkart, dann wird es einseitig und zieht sich zurück. Sehnsuchtsvoll sieht es auf die Umwelt und auf den Erfolg des großen Y. Es klammert sich an alte Verhaltensformen und läßt nichts los, ist aber sehr empfänglich für Klatsch. Es leidet still.

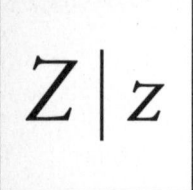 

Z wie Zeus, Zeiger, Zirkus. Das Z trägt die Fähigkeit des Verbindens in sich – oben mit unten, Geist mit Materie. Die Kraft, die verbindet, heißt Liebe. Gleichmaß und Harmonie sind seine Stärke. Es ist eine große Kraft der Verwirklichung im großen Z.

Neigt es sich zur Seite, wird das Z zum *N*.

Wenn es sich tiefer mit der Materie verbindet, führt die verzerrte Wahrnehmungsfähigkeit zu Trugschlüssen. Das Leben wird zu einem Zirkus, zu einem Spiel. Es steht nicht mehr sicher auf seiner Verankerung, sondern beginnt wie ein Tänzer ohne Musik zu arbeiten.

Seine Verzerrung verstärkt sich, und das kleine z versteht die Welt nicht mehr. Es schnürt sich seine eigene Lebensenergie ab. Die Gefühlsnatur wird verhärtet, und Begrenzungen stellen sich in allen Bereichen ein. Blitze können geworfen werden, und es kann zanken. Aber es leidet tief im Inneren.

Der Buchstabe als Orakel

Die einzelnen Buchstaben sind Orakel, die jene geheimnisvolle Kraft, die sie als Botschaft in sich tragen, weitergeben möchten. Die alten Germanen warfen Buchenstäbe und konnten aus dem Wurf das Orakel deuten. Heute benutzen wir Buchstaben, ohne zu wissen, welche Kraft in ihnen ruht. Diese Kraft wartet darauf, verwendet zu werden.

Die Buchstaben verbinden sich in einem Namen – zu einer dem Träger eigenen Schwingungsfrequenz. Dadurch ergeben sich Einsichten in die Seelenqualität.

Zum Beispiel ...

A = Arbeit

AN = Arbeite mit deinem bereits in der Vergangenheit angesammelten Wissen, um dein Leben zu gestalten.

ANT Arbeite mit dem Wissen deiner Intuition, die dich befähigt, deinen Sieg für deine Tätigkeit zu erringen.

ANTO = Arbeite mit den Kräften, die in dir ruhen, und verlaß dich auf deine Intuition, nur so kannst du als Sieger hervorgehen, denn in dir ruht unendlich viel Schöpferisches, das du kreativ gestalten kannst.

ANTON = Dem Ton in dir zu folgen heißt, deinen inneren Klang wahrzunehmen. Wenn du aus dem Kraftfeld deiner göttlichen Natur schöpfst, dann siegst du über die Materie und das Körperelement.

Der erste Buchstabe zeigt deutlich, mit welchem Schwung der Mensch in dieses Leben eintritt. Der mittlere Buchstabe vermittelt das Verwirklichungsfeld. Der letzte weist noch einmal auf die Bestimmung hin. Bei *ANTON* steht das *T* in der Mitte. Also Sieg über die Materie, die jedoch nur durch harte Arbeit (der erste Buchstabe) zu erzielen ist. Mit Nachdruck fordert am Ende das *N*, das schon nach dem *A* stand, Vergangenes mit dem Gegenwärtigen zu verbinden. Nur Vergebung und Liebe kann verbinden!

Diese Qualitäten sind dem Anton als Seelennatur in die Wiege gelegt worden. Aber wie er damit umgeht, wird sich in seinem Leben zeigen. Nach unserer Geburt entwickelt sich zuerst unsere kleine Persönlichkeit, das Ego, die Persona, was nichts anderes heißt als »Maske«.

Das Große wird klein, weil wir das Große nicht begreifen, und aus dem großen *ANTON* wird ein kleiner anton, der für seine Umwelt nicht immer ein angenehmer Zeitgenosse ist. Das kleine *a* packt alles in seinen Rucksack und läßt nichts los. Dadurch wird seine Beweglichkeit gebremst. Es wird eine träge Welle im kleinen *n*, beugt sich in die Materie und beginnt zu leiden in seinem eigenen Kreuz, im *t*. Es möchte zu gern den Ton angeben, doch die schöpferischen Ideen lassen sich nicht so umsetzen, wie das im Kopf geformte Bild. Dadurch wird das *o* ungerecht und der Ton, die Stimme, die Lebenskraft verzerrt sich. Trägheit läßt wiederum das kleine *n* zu einer eigenen Verneinung werden. Man erkennt sich selbst nicht und möchte dennoch von der Umwelt anerkannt werden.

Diese Seelennatur muß lernen, die eigenen Begrenzungen in der Anerkennung der geistigen Qualitäten und der schöpferischen Lebensenergie zu überwinden. Sie muß lernen, daß die Materie wie der eigene Körper nur durch Güte, Verständnis, Vergebung und Liebe zu lenken sind. Sie muß lernen, daß ein Sieg nur durch Ordnung und Harmonie, nie durch Druck zu erreichen ist. Vergangenes Wissen kann nur durch Intuition zum Segen und zum Sieg werden.

Jeder, der diesen Namen trägt, hat die geistigen Qualitäten der Buchstaben als Schwingungspotentiale in sich. Wie sich die Seele durch die Erfahrungen bewußt wird und in welches Arbeitsfeld sie durch ihren Familiennamen gestellt wird, darin besteht der Unterschied.

Es liegt an uns, ob wir bereit sind zu lernen. Oftmals unterliegt man einem Trugschluß und meint, man müsse, um sich zu verändern, seine Persönlichkeit aufgeben. Das wäre der größte Selbstbetrug. Der Mensch muß lernen, geistiges Gut mit Materie zu verbinden, die Einheit zu erkennen, sich selbst als ein göttliches Wesen zu begreifen. Wir sind nicht auf diese Welt gekommen, um zu trennen, sondern um zu lernen, zu verbinden, zu lieben und uns in das Leben einzubringen. Es gibt keinen guten oder schlechten Namen.

Wohl aber gibt es Erfahrungen. Aber hat uns nicht jede – auch jede nicht so schöne – Erfahrung wachsen lassen? Das *A* heißt: arbeite. Der eine tut's mit Freuden, der andere mit Widerwillen. Ist deswegen die Qualität der geistigen Anlage im *A* schlecht?

Die *Anna* arbeitet ein ganzes Leben lang. Die eine schuftet sich in der Markthalle ab, die andere sitzt im Büro. Beide müssen entsprechend ihrem Bewußtseinsgrad hart arbeiten. Die eine benutzt die Kraft des Körpers, die andere die Kraft ihres Geistes.

Es ist absurd zu glauben: Wenn ich mir für mein Kind einen entsprechenden Namen aussuche, wird es ein geistiges Genie. Es wird ebenso lernen müssen, sich zu entfalten, wie jede andere Seele auch. Es gibt keine schlechten Buchstaben und keine schlechten Namen.

Nehmen wir die Umlaute *Ä, Ö, Ü*. Hier äußert sich eine bestimmte geistige Anlage, die es der Seele erlaubt, sich in einer Richtung zu entfalten, die für bestimmte Erfahrungen gerade notwendig ist. Es ist, als würde ein Wächter über den Buchstaben *Ä, Ö, Ü* stehen, der genau aufpaßt, daß dem *Ü* nur so viel Information zuteil wird, wie es seiner Entwicklung im Jetzt entspricht. Mehr wird nicht zugelassen. Das sind Eigenarten von *Ä, Ö, Ü*. Verschreiben sich diese Seelen der Materie, wird die Persönlichkeit eingegrenzt und leidet, weil sie auf traditioneller Ordnung besteht und sich der geistigen Freiheit nicht bewußt wird. Es ist, als würde sie sich in das Kellergeschoß begeben, um dort den Sonnenaufgang zu erwarten.

Betrachten wir zum Beispiel die Namen der altägyptischen Gottheiten *ISIS* und *OSIRIS* – diese Wesen sind im Laufe der Geschichte in allen Kulturen, jedoch unter anderen Namen, erschienen. Der Qualitätsinhalt ist aber gleich geblieben.
Der Name *ISIS* stellt ein Mysterium dar.
I: Die große Intuition, das Licht in kosmischer Fülle, um
S: das Leben zu gestalten, um es mit allen lebensnotwendigen Gaben zu erhalten. Die Qualität des Lichtes, der Schöpfung durch das Leben zum Ausdruck zu bringen.
I: Es kann aber nur gelingen, wenn über den Weg der Intui-

tion, des Göttlichen, die Vibration in die Materie gelenkt wird.

S: Es ist ein Lebensziel, die Intuition mit dem Leben zu verbinden.

ISIS ist eine Göttin des Lichtes. Sie stellt zugleich das göttliche, weibliche Prinzip dar, das ohne den Gegenpool, das männliche Prinzip, nicht bestehen kann.

Deshalb steht *OSIRIS* an ihrer Seite.

O: Die Schöpfung. Es trägt bereits beide Aspekte in sich, die sich durch das Lebensspiel zum Ausdruck bringen müssen.
S: Das Leben, erfüllt mit den schöpferischen Kräften wartet auf die Verwirklichung.
I: Die Intuition die in die Materie wirkt.
R: Die göttliche Liebe ist des Rätsels Lösung, denn sie ist die zusammenhaltende Kraft aller geistigen sowie physischen Zustände.
I: Das Kraftfeld der Liebe muß aus den höchsten Regionen des Lichtes herabgeholt werden,
S: Leben und Entwicklung in der Materie hervorzurufen.

Osiris war einer der größten Götter im alten Ägypten und war sowohl Bruder als auch Mann der *Isis*.

Liest man den Namen *Osiris* von hinten nach vorn, dann könnte man mit etwas Phantasie Siri(us) entdecken.

Diese beiden Namen sollen nur als Beispiel dienen. Die Vergangenheit zeigt deutlich, welcher Mißbrauch durch Unverständnis entstanden ist. Es entstanden Kulte, die letztlich nichts mehr mit der Lichtgöttin zu tun hatten, sondern nur noch Verzerrungen darstellten.

Beispiele der gebräuchlichsten Namen

Weibliche Vornamen

Agnes

Es liegt in der Seelennatur als geistiges Gut:

A: Eine Fülle geistiger Gaben, hohe Leistungsfähigkeit, hohe Belastbarkeit.
G: Die Fähigkeit, in sich ruhend zu sein, um den geistigen Plan zu verwirklichen.
N: Vergangenes mit Gegenwärtigem verbinden.
E: Einklang in Körper, Geist und Seele beziehungsweise in Verstand, Gefühl und Handlung herzustellen.
S: Die Fähigkeit, mit der Lebensenergie bewußt umzugehen.

Wenn sich die Persönlichkeit behauptet und nur noch der Materie Aufmerksamkeit schenkt, ergeben sich Verzerrungen in der Lebensqualität und in der Ausdrucksform.

a: Der Rucksack füllt sich langsam, es wird darin alles verstaut und gesammelt,
g: Man wird kleinlich und egoistisch.
n: Dadurch wird alles trübe und träge.
e: Man igelt sich ein. Schwerfälligkeit entsteht. Es ist, als würde man die Arbeit immer vor sich herschieben.
s: Dadurch wird die eigene Lebensenergie begrenzt, und man wird schnell ungerecht, wo man durch unüberlegtes, oft zu spontanes Reagieren, in Handlung und Wort Verletzungen hervorrufen kann. Schließlich verletzt man sich damit selbst. Worte, die einmal ausgesprochen wurden, können zerstörerisch wirken.

Was kann gelernt werden?

A: Arbeite mit den Gaben, die du in dir trägst. Werde dir deiner Individualität und deiner kreativen Kräfte bewußt.
G: Du trägst die Fähigkeit in dir, die Gaben der Kreativität so

einzusetzen, daß sie gewinnbringend (beruflich) sein können. Immer wieder kommst du wie ein Stehaufmännchen auf die Füße.

N: Lerne, Verbindlichkeit zu entwickeln, damit du vergangene und gegenwärtige Erfahrungen in Einklang bringen kannst. Schließe Kompromisse der Harmonie.

E: Dein Leben muß gelebt werden. Harmonie und Gesundheit sollen durch deine Gegenwart zum Ausdruck gelangen. Harmonie in Gedanken, Gefühlen und Handlungen, in Körper, Geist und Seele.

S: Es ist deine Lebensenergie, deine Gesundheit, dein Leben, das du gestaltest!
Du lebst dein Leben und bist dafür verantwortlich. Die Kraft liegt in dir!

(A)G(N)E(S)

Dein erster Buchstabe *A:* Arbeite
Der mittlere Buchstabe *N:* Verbinde deine Erfahrungen der Vergangenheit mit denen der Gegenwart,
Der letzte Buchstabe *S:* Damit deine Energie, deine Lebenskraft sich deinem Lebensplan entsprechend entwickeln kann. Du trägst die Gaben in dir! Wende sie an, Bete und arbeite. Gebet heißt ge-bet, denn deine Lebensqualität ist Licht!

Angelika

Es liegt in der Seelennatur als geistiges Gut:

A: Eine Fülle geistiger Gaben, hohe Leistungsfähigkeit, hohe Belastbarkeit.
N: Vergangenheit und Gegenwart zu verbinden.
G: Die Fähigkeit, in sich ruhend zu sein, um den geistigen Plan zu verwirklichen.

E: Einklang in Körper, Geist und Seele beziehungsweise Verstand, Gefühl und Handlung herzustellen.

L: Die Gabe, das Leben bewußt zu leben, sich seiner innern Qualitäten und des inneren Lichtes bewußt zu sein.

I: Die Intuition als höchste Quelle nutzen zu können, um dadurch das Richtige zu tun.

K: Die große Fähigkeit, in diesem Leben die geistige Fülle in die Materie umzusetzen.

A: Das mitgebrachte Gut wie ein kostbares Erbe zu verwalten und damit zu arbeiten.

Wenn sich die Persönlichkeit behauptet und nur noch der Materie Aufmerksamkeit schenkt, ergeben sich Verzerrungen in der Lebensqualität und der Ausdrucksform.

a: Der Rucksack füllt sich langsam mit der Problematik des Lebens, nichts kann verziehen werden und wird unverdaut in diesem Rucksack verstaut.

n: Dadurch wird es trüb und träge, und das Leben macht keinen Spaß mehr.

g: Man wird kleinlich und egozentrisch.

e: Die Persönlichkeit fühlt sich erdrückt und unverstanden, dadurch ist sie sehr unschlüssig in Entscheidungen, die notwendig sind, um das Leben zu genießen.

l: Alles bekommt einen leichten bitteren Beigeschmack, denn die Persönlichkeit bläht sich ständig auf und möchte allzugern im Mittelpunkt stehen.

i: Doch das Ego hält die Illusionen fest und wird dadurch von Enttäuschungen geplagt. Es fühlt sich ungeliebt und dennoch mit Sehnsucht erfüllt.

k: Man macht sich selbst klein, ein kompliziertes Denken entsteht.

a: Der Stau im Rucksack kann so schwer werden, daß Überdruck entsteht, der sich auch im Körper bemerkbar macht.

Was kann gelernt werden?

A: Werde dir deiner Individualität bewußt und arbeite mit den Gaben und Talenten, die du in dir trägst!

N: Beginne dein Leben zu gestalten, indem du lernst, Kompromisse zu schließen!
G: Du trägst in dir kreative und schöpferische Kräfte. Immer wieder bekommst du einen Auftrieb um neuen Anlauf für auftretende Probleme zu nehmen.
E: Dein Leben verlangt von dir innere Ruhe, Ausgeglichenheit, Harmonie, Einklang der Gedanken, Gefühle und Handlungen.
L: Lebe dein Leben. Du kannst es gestalten, und es wird dir gelingen. Geh den Schritt nach vorn und vergib dem, was hinter dir liegt.
I: Du trägst in dir so unendlich viel Licht und Kraft, um dein Leben zu meistern, schöpfe aus deiner höchsten Quelle und vertraue ihr.
K: Begreife, daß du deine Fähigkeit, intuitiv zu handeln, voll einsetzen solltest, denn all diese Gaben sind dir gegeben, damit du sie nutzt.
A: Aber dies bedeutet Arbeit und die Aufforderung, es in die Tat umzusetzen.

(A)NG(EL)IK(A)

Dein erster Buchstabe *A:* Eine Fülle kreativer Kräfte ist vorhanden.
Die mittleren Buchstaben *E, L:* Lebe dein Leben, genieße es.
Der letzte Buchstabe *A:* Die Aufforderung zur Arbeit ist notwendig, damit sich die Trägheit nicht zu sehr ausbreitet. »Ohne Fleiß kein Preis. – Es ist noch kein Meister vom Himmel gefallen«, das mag ein Trost sein, denn auch ein Meister hat es lernen müssen. Aber hast du es einmal gelernt, dein »Instrument« zu spielen, dann entwickelst du eine einzigartige Perfektion.

Andrea

Es liegt in der Seelennatur als geistiges Gut:

A: Eine Fülle geistiger Gaben, hohe Leistungsfähigkeit, hohe Belastbarkeit.
N: Die Fähigkeit, Vergangenes mit Gegenwärtigem zu verbinden.
D: Schöpferische Kräfte, die notwendig sind, um ein Leben zu erfüllen.
R: Die Fähigkeit, mit Liebe, die unpersönlich wirkt, Segen zu bringen.
E: Einklang in Körper, Geist und Seele, in Verstand, Gefühl und Handlung herzustellen.
A: Die Kraft, mit diesen Anlagen zu arbeiten.

Wenn sich die Persönlichkeit behauptet und nur noch der Materie Aufmerksamkeit schenkt, ergeben sich Verzerrungen in der Lebensqualität und in der Ausdrucksform.

a: Alles wird im Rucksack verstaut, der schwer und belastend wird.
n: Die Trägheit nimmt zu, und ein bedrückendes Gefühl kann sich einschleichen.
d: Eine Zentnerlast hängt an den Beinen und blockiert die Beweglichkeit.
r: Die Erwartungen an Partner und Umwelt sind groß, die eigene Bereitschaft zum Geben ist jedoch klein.
e: Dadurch fühlt sich das Ego unverstanden.
a: Der Stau im Rucksack verursacht Unbehagen.

Was kann gelernt werden?

A: Werde dir deiner Individualität bewußt. Du bist einzigartig! Arbeite mit deinen Talenten.
N: Verzeih der Vergangenheit. Sei nicht nachtragend, denn das ist hinderlich in deiner Entwicklung. Verbinde die Erfahrungen der Vergangenheit mit dem Jetzt.

D: Schau dein Leben an. Es deutet immer nach vorn.
R: Lerne zu lieben, um zu leben!
E: Es ist dein Schlüssel, um deinen Körper in Harmonie zu halten. Um einen Gleichklang der Gedanken, Gefühle und Handlungen entstehen zu lassen!
A: Weiche der Arbeit nicht aus, der Arbeit an dir! Es lohnt sich!

(A)N(DR)E(A)

Dein erster Buchstabe *A:* Eine Fülle kreativer Möglichkeiten.
Die mittleren Buchstaben *D, R:* Liebe.
Der letzte Buchstabe *A:* Arbeit. Es ist deine Lebensaufgabe, die Liebe kennenzulernen. Dieser Lernprozeß führt dich an viele Lebenssituationen heran, denn Liebe ist wie ein Gummiband und wird von jedem anders verstanden. Dein Leben zeigt dir deinen Weg der Liebe! Durch deine Arbeit, geistig sowie physisch, beginnst du zu wachsen und deine Liebe wird dir Erkenntnisse bringen. Tue alles, was du dir vornimmst, mit Liebe.

Anna

Es liegt in der Seelennatur als geistiges Gut:

A: Eine Fülle geistiger Gaben, hohe Leistungsfähigkeit, hohe Belastbarkeit.
N: Die große Gabe, verbindend und verbindlich zu wirken.
N: Vergangenes mit Gegenwärtigem in Einklang zu bringen.
A: Die Kraft, dies in die Tat umzusetzen.
Wenn sich die Persönlichkeit behauptet und nur noch der Materie Aufmerksamkeit schenkt, ergeben sich Verzerrungen in der Lebensqualität und in der Ausdrucksform.
a: Man frißt alles in sich hinein und verstaut es in den Rucksack.
n: Man leidet unter diesem Mißstand.

n: Verneint sich selbst.
a: Vergräbt sich in der Arbeit.

Was kann gelernt werden?

A: Werde dir deiner individuellen Gegenwart bewußt und wende die Fülle deiner Talente an. Du trägst in dir so unendlich viele Kostbarkeiten!
N: Verzeih der Vergangenheit.
N: In dir ist die Kraft, die Gegenwart besser zu gestalten. Löse dich von alten Verhaltensmustern!
A: Arbeite mit dem geistigen Potential, das du in dir trägst, dann gelingt dir auch das, was du beruflich tun mußt.

(A)(NN)(A)

Der erste Buchstabe *A:* Arbeit und Fülle vieler Fähigkeiten.
Die mittleren Buchstaben *N, N:* Vergebung und Verbindung.
Der letzte Buchstabe *A:* Arbeit und Aufforderung, nicht untätig zu sein, denn das Leben ist zu kostbar und zu kurz, als daß man es verstreichen lassen könnte. Nutze die Zeit, denn jeder Augenblick ist wie ein Geschenk. Arbeite mit deiner Fähigkeit, verbindend zu wirken, so kannst du Kompromisse schließen, die dich wieder einige Schritte weiter bringen. Ein Leben voller Arbeit kann mit Licht erfüllt sein, wenn diese Arbeit mit dem Herzen geschieht!
Sei nicht nur die fleißige Arbeitsbiene, genieße auch den Feierabend.

Barbara

Es liegt in der Seelennatur als geistiges Gut:

B: Die Fähigkeit mit Feingefühl und Sanftheit die Verbindung zwischen oben und unten herzustellen. Mikro- und Makro-Kosmos. Geist und Materie.
A: Hohe Leistungsfähigkeit und hohe Belastbarkeit.
R: Die Gabe, das höchste Gut zu verwirklichen, die Liebe.
B: Die gesunde Beziehung und der Sinn für Gerechtigkeit.
A: Die Anwendung dieser Gaben.
R: Die Feinfühligkeit, das Mitgefühl über die Intuition einzubringen.
A: Die Arbeitsfreude, mit diesen Gaben umzugehen.

Wenn sich die Persönlichkeit behauptet und nur noch der Materie Aufmerksamkeit schenkt, ergeben sich Verzerrungen in der Lebensqualität und in der Ausdrucksform.

b: Die Persönlichkeit beginnt zu fordern, Bindungen werden festgehalten.
a: Dies erschwert das Dasein, und man beginnt alles Unverarbeitete in seinen Rucksack zu verstauen.
r: Die Erwartungen in den Partner sind sehr groß, die eigene Bereitschaft zum Geben ist jedoch klein.
b: Dadurch schränkt man sich selber ein, denn auch der Partner will seine Freiheit. Das Körperbewußtsein ist sehr gestört, wodurch eine Unzufriedenheit mit sich und der Welt entstehen kann.
a: Der Frust wird im Rucksack verstaut.
r: Dieser Stau macht sich dann bemerkbar in den Beziehungen, die man knüpfen möchte. Es ist, als wäre ein Knoten in der Leitung (in der Liebe).
a: Diese Unzufriedenheit staut sich immer mehr, wie ein geschnürtes Paket wird es ständig hinter sich hergezogen.

Was kann gelernt werden?

B: Lerne zu begreifen, daß dein Körper nicht das Wichtigste ist, aber eine wichtige Rolle spielt.
A: Arbeit macht das Leben süß, heißt es. Es muß nur die richtige Arbeit sein.
R: Beginne mit Liebe und Verständnis dein Leben, deine Partner, deine Umwelt zu betrachten. Schöpfe aus deiner höchsten Quelle der Liebe, deine intuitive Veranlagung versorgt dich mit allen dazu notwendigen Erkenntnissen und Erfahrungen. Lieben und Leben!
B: Dadurch erfährst du das Gleichgewicht zwischen deinen eigenen Körpernaturen.
A: Ein Leben ohne Arbeit wäre für dich undenkbar, denn deine schöpferische und kreative Anlage arbeitet in dir. Sie drängt danach, sich mitzuteilen.
R: Mit Freude und Begeisterung kannst du durch diese Gaben Freude bringen.
A: Arbeite mit dem Bewußtsein der Liebe, die alles Leben als schöpferische Lebenskraft durchdringt, dann kannst du deine Aufgaben erfüllen.

(B)AR(B)AR(A)

Der erste Buchstabe *B:* Das Gleichgewicht im Physischen sowie im Geistigen.
Der mittlere Buchstabe *B:* Dein Leben gestalten, geistig sowie körperlich.
Der letzte Buchstabe *A:* Setze deine Arbeitskraft und Fähigkeit mit Hilfe der Intuition so ein, daß alles in dir zur Entfaltung gelangen kann, um sich zu verwirklichen. Es ist dein Leben, deshalb beginne bei dir Veränderungen hervorzurufen. Laß den anderen so, wie er ist, und werde dir deiner inneren Fülle bewußt, die für dich alles bereithält, was du für deine geistige Entfaltung und Entwicklung benötigst. Arbeite an dir, und deine Welt wird sich verändern!

Beate

Es liegt in der Seelennatur als geistiges Gut:

- *B:* Die Fähigkeit, mit Feingefühl und Sanftheit oben und unten zu verbinden.
- *E:* Gleichklang und Harmonie in Körper, Geist und Seele, in Gedanken, Gefühlen und Handlungen zum Ausdruck zu bringen.
- *A:* Eine Fülle geistiger Qualitäten.
- *T:* Den Sieg zu erringen über deine Körpernatur.
- *E:* Das Leben bewußt wahrzunehmen.

Wenn sich die Persönlichkeit behauptet und nur noch der Materie Aufmerksamkeit schenkt, ergeben sich Verzerrungen in der Lebensqualität und in der Ausdrucksform.

- *b:* Das Ego beginnt zu fordern. Es kann und will nicht loslassen.
- *e:* Dadurch entsteht Trägheit, man beginnt sich einzuigeln und ist auf Abwehrposition.
- *a:* Alles, was nicht ausgesprochen wird, landet im Rucksack. Dieser füllt sich allmählich.
- *t:* Man beginnt zu leiden. Ungerechtigkeit entsteht oft, wenn der eigene Schmerz zu groß wird.
- *e:* Die Persönlichkeit liebt es gar nicht, wenn sie Hinweise bekommt, etwas verändern zu können, denn sie ist trotz aller Mißgeschicke von sich überzeugt.

Was kann gelernt werden?

- *B:* Lerne, deine geistige Natur ebenso anzunehmen wie deine körperliche.
- *E:* Deine Intuition ist da, um angenommen zu werden. Sie kann dir helfen, das Gleichgewicht in dein Leben zu bringen! Dein Körper ist dein Audrucksmittel.
- *A:* Arbeite mit der Fülle deiner schöpferischen Fähigkeiten.
- *T:* Du kannst als Sieger hervorgehen.

E: Dein Leben muß von dir gelebt werden, deshalb ist es wichtig, Entscheidungen zu treffen.

(B)E(A)T(E)

Der erste Buchstabe *B:* Gleichgewicht im Geistigen sowie im Physischen.
Der mittlere Buchstabe *A:* Arbeite mit deiner Gabe.
Der letzte Buchstabe *E:* Es ist dein Körper, dein Leben, deine Entscheidung. In dir liegt die Fähigkeit, all das harmonisch miteinander zu verbinden. Gerechtigkeit walten lassen kann nur der, der liebt. Geist und Materie sind deine Wesensnatur. Ohne deine geistige Seite wärst du wie eine leere Hülle. Deine Seele kann sich nur durch deinen Körper zum Ausdruck bringen, und dieser ist einmalig! Achte das Geschenk und lerne, den Augenblick zu genießen. Dein Körper ist der Tempel deines Lichtes, das nur durch Arbeit und Ordnung wachsen kann. Deine göttliche Natur ist frei, begrenze dich nicht unnötig!

Birgit

Es liegt in der Seelennatur als geistiges Gut:

B: Die Fähigkeit, mit Feingefühl und Sanftheit die Verbindung zwischen oben und unten herzustellen, damit das Gleichgewicht gewahrt bleibt.
I: Die Intuition als höchste Quelle nutzen zu können.
R: Die Liebe als höchstes Gut zu leben, um Segen zu bringen.
G: In sich ruhend zu sein, um sich zu verwirklichen.
I: Aus der Quelle zu schöpfen, um ...
T: Den Sieg zu erringen über den Körper.
Wenn sich die Persönlichkeit behauptet und nur noch der Materie Aufmerksamkeit schenkt, ergeben sich Verzerrungen in der Lebensqualität und in der Ausdrucksform.

b: Die Persönlichkeit beginnt alles festzuhalten und für sich zu beanspruchen.
i: Sie verneint sich selber auf körperlicher Ebene und kann sich nicht annehmen.
r: Sie wird dadurch kritiksüchtig und kleinlich. Die Erwartung auf die entgegenkommende Aktion der Umwelt ist größer als die eigene Bereitschaft zum Geben.
g: Dadurch leidet sie und packt alles in einen Rucksack, der wie Blei in die eigene Tiefe zieht, in der Vergangenes aufgewühlt und hochgespielt wird. Es entsteht Unbeweglichkeit, Sturheit und ein kleinliches Verhalten.
i: Die eigenen Mißstände zu erkennen, fällt sehr schwer. Das Ego hält die Illusion fest und fühlt sich unfrei, eingeengt und ungeliebt.
t: Das eigene Leid wächst durch diese Irrtümer. Was zum Sieg führen sollte, bringt einen individuellen Kreuzigungsvorgang, wobei sich die Wirbelsäule zu stark beansprucht fühlen kann und sich schmerzhaft meldet.

Was kann gelernt werden?

B: Lerne zu begreifen, daß nur ein Teil deines Wesens materiell ist und daß der andere Teil auch versorgt werden muß, damit ein ausgewogenes Verhältnis bestehen kann.
I: Beginne mit der Kraft in dir zu arbeiten, denn deine Intuition ist dein Leben.
R: Liebe läßt dich alles bewältigen. Liebe deinen eigenen Körper wie einen Partner, dann kann sich deine Quelle durch dich voll offenbaren.
G: Denn du besitzt jene Kraft, die dich befähigt, ruhig und besonnen aus deiner Mitte zu wirken. Du hast die Gabe eines Stehaufmännchens, nutze sie.
I: Deine individuelle göttliche Natur zeigt dir deinen Weg, damit du dich in deiner Welt verwirklichen kannst.
T: Der Sieg wartet auf dich. Laß Vergangenes ruhen, und erfülle deinen Raum in der Gegenwart. Du Selbst gestaltest es!

(B)I(RG)I(T)

Der erste Buchstabe *B:* Gleichgewicht und Ausgewogenheit im Physischen sowie im Geistigen.
Die mittleren Buchstaben *R, G:* Die Liebe als höchstes Gut zu erkennen, um aus der Mitte heraus tätig sein zu können.
Der letzte Buchstabe *T:* Der Sieg liegt in dir, aber es liegt an dir, ihn zu verwirklichen. Ein Sieg ohne Liebe ist kein Sieg, sondern nur ein In-Besitznehmen. Die Fähigkeit des geistigen Gutes arbeitet in dir. Dies wiederum ruft bestimmte Idealvorstellungen hervor, die auf die Umwelt projiziert werden, jedoch unerfüllt bleiben. Diesem inneren Ruf zu folgen heißt, Verwirklichung der eigenen Lebensqualität!

Brigitte

Es liegt in der Seelennatur als geistiges Gut:

B: Die Fähigkeit, mit Feingefühl und Sanftheit die Verbindung zwischen oben und unten herzustellen, damit das Gleichgewicht gewahrt bleibt.
R: Die Liebe als höchstes Gut zu leben, um Segen zu bringen.
I: Die Intuition als höchste Quelle nutzen zu können.
G: In sich ruhend zu sein, um sich zu verwirklichen.
I: Die Intuition.
T: Der Sieger über die Materie des Körpers.
T: Die Fähigkeit zum Sieg.
E: Gleichklang und Harmonie zu entwickeln, um das Leben bewußt wahrnehmen zu können.

Wenn sich die Persönlichkeit behauptet und nur noch der Materie Aufmerksamkeit schenkt, ergeben sich Verzerrungen in der Lebensqualität und in der Ausdrucksform.

b: Die Persönlichkeit beginnt, alles für sich zu beanspruchen und festzuhalten.
r: Man hat hohe Erwartungen an Umwelt und Partner, ist

aber nicht bereit, sie selbst zu erfüllen. Dadurch wird man kleinlich und kritiksüchtig.
i: Man verneint sich selbst. Auch auf körperlicher Ebene lehnt man sich ab.
g: Man beginnt zu leiden und verstaut den Frust im Rucksack, der wie Blei in die Tiefe zieht.
i: Die Vergangenheit wird gerne hochgespielt. Es können Unbeweglichkeit, Starrheit und Sturheit entstehen.
t: Das Ego leidet.
t: Das eigene Leid nimmt durch die großen Irrtümer zu. Was zum Sieg führen sollte, peinigt den Körper.
e: Man wird träge und trübsinnig. Etwas Neues annehmen zu können fällt schwer.

Was kann gelernt werden?

B: Lerne zu begreifen, daß nur ein Teil deines Wesens materiell ist. Deine andere, weitaus größere Beteiligung, liegt im Geistigen. Beide Teile wollen versorgt werden. Oben und unten sollten im Gleichgewicht sein.
R: Liebe läßt dich alles bewältigen. Liebe auch deinen Körper, nimm ihn an wie einen Partner, dann kann sich deine Quelle durch dich offenbaren.
I: Beginne, mit deiner intuitiven Kraft zu arbeiten, deine Intuition ist deine Versorgung, dein Leben.
G: Erkenne, daß in dir die Kraft verankert ist, die dich befähigt, in dir ruhend und besonnen zu sein. Du hast die Gabe eines Stehaufmännchens.
I: Deine individuelle göttliche Natur zeigt dir deinen Weg, um dich in deiner Welt verwirklichen zu können.
T: In dir ist bereits dein Sieg verankert.
T: Lerne mit deiner Intuition das Richtige in Gedanken, Gefühlen und Handlungen zu erzeugen, damit du bewußt deine Tätigkeit vollziehen kannst.
E: Dein Körper ist dein einziges Ausdrucksmittel, deshalb behandle ihn mit sehr viel Fürsorge. Halte ihn sauber wie deinen Tempel. Verwirkliche dich durch ihn!

(B)RI(GI)TT(E)

Der erste Buchstabe *B:* Halte dein Gleichgewicht in Geist und Materie.
Die mittleren Buchstaben *G, T:* Laß dich durch nichts aus der Ruhe bringen, denn in dir liegt die Kraft, dein Leben zu meistern.
Der letzte Buchstabe *E:* Deine Anlage drückt sich durch deine Handlungen aus. Dein Leben gibt dir immer wieder die Möglichkeit zu lernen, damit du dich verbessern kannst. Vertiefe deine Intuition, um aus deiner Quelle alles zu schöpfen, damit dein Alltag zu einem Bewußtsein wird. Lehn dich nicht auf gegen dein Leben, nimm es ebenso an wie ein Geschenk, es ist sehr kostbar.

Christa

Es liegt in der Seelennatur als geistiges Gut:

C: Die Fähigkeit, neues geistiges Wissen ohne Vorbehalte aufzunehmen, um eigene Erfahrungen zu machen. Die Fülle des Geistes zu nutzen, ohne dabei auf Vergangenes zu blicken.
H: Die Gabe, sicher auf beiden Beinen zu stehen, um Halt und Sicherheit zu vermitteln.
R: Die höchste Gabe der Liebe ist gegeben, um Segen zu bringen.
I: Die Intuition.
S: Lebenskraft und Stärke.
T: Als Sieger das Leben zu erfüllen.
A: Hohe Leistungsfähigkeit und Belastbarkeit.
Wenn sich die Persönlichkeit behauptet und nur noch der Materie Aufmerksamkeit schenkt, ergeben sich Verzerrungen in der Lebensqualität und in der Ausdrucksform.

c: Das Ego kann sehr berechnend werden, sich an Kleinigkeiten des Alltags festbeißen und egoistisch und egozentrisch reagieren.
h: Dadurch verausgabt man seine Lebensenergie, fühlt sich aber im »Recht«.
r: Man wird kleinlich, und die Kritik an der Umwelt kann zunehmen. Die Erwartung an Umwelt und Partner wächst zur Forderung heran. Die Bereitschaft zu geben wird eingeschränkt.
i: Oft verneint man sich selbst, lehnt sich ab und erschwert so die eigene Lebenssituation.
s: Es werden häufig kleine unliebsame Wortgeschütze aufgefahren, die den anderen sehr verletzen können.
t: Durch die langsam entstehende Härte beginnt der eigene Leidensweg. Man spürt, daß man sich selbst verletzt.
a: Der dadurch entstehende Frust wird fein säuberlich in den Rucksack verstaut, und man tut, als wäre nichts geschehen. Dieser versteckte Frust nagt an der kleinen Persönlichkeit.

Was kann gelernt werden?

C: Sei offen für alles Neue, aber bewahre dir deine Individualität.
H: Lerne, aus deiner höchsten Quelle zu schöpfen, dann wirst du deinen lebensnotwendigen Halt in dir finden, der sich ebenso nach außen mitteilt!
R: Die Fähigkeit zu lieben sollte in dir wachsen, denn alles Leben benötigt Liebe.
I: Durch deine Intuition kannst du lernen, deine Talente, Qualitäten und Fähigkeiten zu entfalten!
S: Deine Lebensenergie ist wie pulsierendes Feuer, wenn sich auch dein Körperbewußtsein mit Achtung, Liebe und Toleranz entwickelt. Es ist nicht selbstverständlich, mit diesen Gaben ausgestattet zu sein.
T: Lerne, deine Intuition immer walten zu lassen. Körper und Geist sollten sich in Einheit begegnen, dann gehst du als Sieger hervor.

A: Durch ständige Arbeit wirst du dein Ziel des Lebens erreichen.

(C)R(I)ST(A)

Der erste Buchstabe *C:* Eine geistige Neuoffenbarung.
Der mittlere Buchstabe *I*. Der Strom der Intuition.
Der letzte Buchstabe *A:* Deine Arbeit kann sich deiner höheren Wesensnatur entsprechend manifestieren. Dein Leben ist erfüllt mit Arbeit. Im Vertrauen auf deine individuelle Führung – auf deine göttliche Quelle – wird sich dein Leben segensreich erfüllen. Mut und Vertrauen, Verwirklichung der inneren Ideen. Deine Lebensqualität wächst, damit du tun kannst, was deinem Plan entspricht.

Christiane

Es liegt in der Seelennatur als geistiges Gut:

C: Die Fähigkeit, neues geistiges Wissen ohne Vorbehalte aufzunehmen, um eigene Erfahrung zu machen. Die Fülle des Geistes zu nutzen, ohne dabei auf Vergangenes zu blicken.
H: Die Gabe, sicher auf beiden Beinen zu stehen, um Halt und Sicherheit zu vermitteln.
R: Die höchste Gabe der Liebe, um Segen zu bringen.
I: Die Intuition.
S: Lebenskraft und Stärke, Vitalität.
T: Sieg über die eigene Körpermaterie.
I: Aus der höchsten Quelle zu schöpfen, der Intuition.
A: Damit zu arbeiten, um zu leben. Hohe Belastbarkeit und hohe Leistungsfähigkeit.
N: Vergangenheit und Gegenwart zu verbinden.
E: Einklang und Harmonie für Körper, Geist und Seele. Verstand, Gefühl und Handlung.
Wenn sich die Persönlichkeit behauptet und nur noch der Ma-

terie Aufmerksamkeit schenkt, ergeben sich Verzerrungen in der Lebensqualität und in der Ausdrucksform.
c: Das Ego wird berechnend, egoistisch und egozentrisch, hält alles fest und verbeißt sich an Kleinigkeiten.
h: Dadurch verausgabt man seine Lebensenergie, fühlt sich aber immer im »Recht«.
r: Man wird kleinlich, und die Kritiksucht nimmt zu. Die Erwartungen an die Umwelt, Partner, wachsen zur Forderung heran, die Bereitschaft zu geben wird eingeschränkt.
i: Man verneint sich selber und erschwert sich so das eigene Leben.
s: Oft werden kleine Geschütze aufgefahren, wie verletzende Worte, Gesten oder Handlungen, die ihr Ziel treffen können!
t: Durch diesen verteilten Peitschenschlag beginnt man selbst zu leiden.
i: Das Ego hält an Illusionen fest.
a: Das nicht Verarbeitete wird im Rucksack verstaut. Diese Last wird sehr schmerzhaft für den eigenen Zustand, geistig wie physisch.
n: Die alten, eingefahrenen Muster hindern, sich bewußt zu werden, Trägheit schleicht sich immer wieder ein.
e: Man fühlt sich dadurch unfähig und unfrei.

Was kann gelernt werden?

C: Sei offen für alles Neue, aber bewahre dir deine Individualität. In dir liegt viel Schönes, die Gabe, den Weg nach vorne zu gehen, ohne dabei auf vergangene Fehler zu schauen. Wie eine geistige Neuoffenbarung liegt dein Leben vor dir.
H: Wenn du aus deiner höchsten Quelle schöpfst, dann wirst du in dir die tragende Kraft verspüren, die dich befähigt, tatkräftig und stark zu sein. Durch deine Intuition fließt der Strom Weisheit, die für dein Leben notwendig ist, um es zu meistern.
R: Die Liebe steht an oberster Stelle.
I: Wende deine Gaben an, ebenso wie deine Talente, deine schöpferischen, kreativen Fähigkeiten, deine Intuition!

S: Deine Lebensenergie ist wie pulsierendes Feuer, wenn dein Körperbewußtsein sich mit Achtung und Liebe entwickelt.
T: Intuition und Liebe lassen dich zum Sieger werden.
I: Deine göttliche Natur weist dir liebevoll den Weg.
A: Durch die Arbeit an dir wirst du deinen Lebensplan erfüllen können.
N: Deine Verbindlichkeit gibt dir die Kraft, aus Erfahrungen zu lernen.
E: Dein Körper ist das Instrument deiner Seele, jetzt. Durch deine Gaben bist du befähigt, Übereinstimmung zu erzielen, im Körperlichen wie im Geistigen.

(C)HRI(ST)IAN(E)

Der erste Buchstabe *C*: Wie eine geistige Neuoffenbarung.
Der mittlere Buchstabe *ST* strömt deine Lebensenergie aus, um dich zum Sieg zu führen.
Der letzte Buchstabe *E*: um deinen Körper mit der Kraft deines Geistes in Einklang zu bringen. Nur durch ein richtig gestimmtes Instrument kann eine beglückende Melodie hörbar werden! Es entspricht deiner Lebensqualität, durch geistige Erneuerung besser mit der eigenen Substanz umgehen zu können. Es ist ein Weg der Mitte, der Liebe. Die Lebensenergie läßt sich nur mit Liebe führen und lenken. Es gibt nichts, was dich hindern könnte, deinen Weg der Mitte zu gehen. Alles wird gelingen, wenn dein Herz regiert.

Claudia

Es liegt in der Seelennatur als geistiges Gut:

C: Die Fähigkeit, neues geistiges Wissen ohne Vorbehalte aufnehmen zu können, um eigene Erfahrungen zu machen. Die Fülle des Geistes zu nutzen, ohne dabei auf Vergangenes zu blicken.
L: Ein Leben im Bewußtsein zu erfüllen.
A: Die Fülle des geistigen Gutes voll einzusetzen.
U: Gefäß (= Kanal) zu sein.
D: Die große Gabe schöpferischer Kräfte, die das Leben bereichern.
I: Die Intuition.
A: Die Arbeitsfreude und zugleich die Aufforderung diese Gaben ein- und umzusetzen.

Wenn sich die Persönlichkeit behauptet und nur noch der Materie Aufmerksamkeit schenkt, ergeben sich Verzerrungen in der Lebensqualität und in der Ausdrucksform.

c: Es fällt schwer loszulassen.
l: Das Ego beginnt sich aufzuplustern, schnürt sich dabei aber die eigene Lebensenergie ab (was sich als Stoffwechselstörung bemerkbar machen kann).
a: Man leidet unter diesem Zustand, mag sich selbst nicht und steckt alles in den Rucksack.
u: Dadurch ist man empfänglich für alles Naheliegende und läßt sich so davon beeinflussen, daß man keine eigene Meinung hat.
d: Die Stimme des Gewissens arbeitet ganz leise, und das erzeugt einen inneren Widerspruch, der sich wie ein Eisen um die Beine und Füße legt und die Beweglichkeit einschränkt.
i: Der Schmerz wächst und fordert auf, Veränderungen vorzunehmen.
a: Der Vorwand, dieses oder jenes tun zu müssen, ist noch wichtiger als die Arbeit an sich selbst und der eigenen Lebenssituation.

Was kann gelernt werden?

C: Lerne, mit den Gaben deiner geistigen Natur zu leben, sei offen für alles Neue und beginne mit geschärftem Verstand die Dinge zu betrachten.
L: Du bist für dein Leben verantwortlich. Deine Verantwortung für deine Lebensqualität kann dir von niemandem abgenommen werden. Lerne, damit umzugehen.
A: Arbeite mit der Fülle deiner Talente.
U: Du bist wie ein Gefäß, das gefüllt ist mit den Gaben deiner göttlichen Natur, die nötig sind, um ein Leben zu erfüllen.
D: Deine kreativen Möglichkeiten lassen eine große handwerkliche, schöpferische Fähigkeit zu.
I: Ohne Anstrengung fließt dir das dazu notwendige Wissen zu, denn die Intuition arbeitet in dir.
A: Ohne Arbeit kann keine Erfüllung eintreten.

(C)LA(U)DI(A)

Der erste Buchstabe *C:* Neues geistiges Wissen.
Der mittlere Buchstabe *U:* Das Gefäß.
Der letzte Buchstabe *A:* Die Aufforderung zur Tätigkeit, zur Arbeit, mit den Fähigkeiten umzugehen, denn das Gefäß bist du, dein Körper. Der Inhalt ist die Gabe, intuitiv das Richtige zu tun. Das Idealbild in dir gibt dir zu verstehen, wie deine eigene Entwicklung sein sollte, denn dein Ziel für deine Lebensaufgabe ist Selbstverwirklichung. Nicht mehr und nicht weniger ist notwendig. Erkenne deine Fähigkeit, aus deinem geistigen Potential zu schöpfen, dann ergeben sich gesunde Verhältnisse geistiger und körperlicher Natur. Dein Seelenprogramm heißt Entwicklung, diese ist nur durch deine Arbeit an dir zu erreichen. Nur Mut, es liegt alles in dir!

Cornelia

Es liegt in der Seelennatur als geistiges Gut:

C: Die Fülle des Geistes zu nutzen, ohne auf Vergangenes zu blicken.
O: Die Fülle der schöpferischen Kraft und unzähliger Talente und Qualitäten.
R: Das höchste Gut der Liebe.
N: Vergangenes mit Gegenwärtigem zu verbinden.
E: Die Gabe, das Geistige mit dem Materiellen zu verbinden.
L: Ein bewußtes Leben zu erfüllen.
I: Die Intuition.
A: Arbeitsfreude und Aktivität.

Wenn sich die Persönlichkeit behauptet und nur noch der Materie Aufmerksamkeit schenkt, ergeben sich Verzerrungen in der Lebensqualität und in der Ausdrucksform.

c: Man wird kleinlich und kann sich an alltäglichen Kleinigkeiten festbeißen.
o: Dadurch ergeben sich innere chaotische Zustände.
r: Die Kritik an der Umwelt, die Nörgelei am Partner kann zunehmen. Die Erwartung nach Zärtlichkeit ist groß, die Bereitschaft zu Geben klein.
n: Durch diese Sehnsucht, die nicht erfüllt wird, entsteht Trägheit.
e: Man vergräbt sich immer mehr, fühlt sich dadurch unfrei und eingeengt. Dies wird wiederum auf die Umwelt (Partner) geschoben.
l: Immer wieder versucht sich das Ego, in den Vordergrund zu drängen, und die Persönlichkeit bläht sich auf, schnürt sich aber durch verkehrte Ausdrucksform die eigene Lebensenergie ab.
i: Somit ergeben sich gebeugte Haltungen, die sich auch als depressives Verhalten darstellen können. Druck in der Wirbelsäule kann sich bemerkbar machen.
a: Der Arbeit an sich selbst möchte man ausweichen und

stürzt sich dabei gern in Betätigungsfelder, die zwar den eigenen Fähigkeiten entsprechen, aber zur Betäubung der eigentlichen Aufgabe führen.

Was kann gelernt werden?

C: Sei offen für alles Neue, aber bewahre dir deinen kühlen Menschenverstand.
O: Verlaß dich auf deine göttliche Natur, sie ist in dir. Alles, was du außen suchst, ist bereits in dir.
R: Lerne, mit Liebe zu leben. Ein Leben ohne Liebe ist leer. Liebe ist das höchste Gut, es erfüllt die Welten und alles, was sich uns sichtbar darstellt, ebenso wie alle höheren geistigen Daseins-Zustände.
N: Durch Liebe kannst du verbindlich sein, ebenso kannst du dadurch lernen, Kompromisse zu schließen, die immer wieder notwendig sind, damit im Leben Zufriedenheit herrscht.
E: Dein Körper verlangt nach Harmonie, die du nur herstellen kannst, wenn du gelernt hast, zu lieben.
L: Es ist dein Leben, deshalb übe dich in der Vergebung.
I: Die Intuition wird sich immer wieder in dir bemerkbar machen. Lerne, sie zu verstehen und in allen Tätigkeiten umzusetzen.
A: Das ist deine Möglichkeit, um leben zu können! Arbeite mit den Kostbarkeiten und der Fülle deiner Individualität!

(C)OR(NE)LI(A)

Der erste Buchstabe *C:* Harmonie liegt in dir wie eine Neuoffenbarung.
Die mittleren Buchstaben *N, E:* Vergangenes mit Gegenwärtigem zu verbinden, damit Einklang in dir entstehen kann.
Der letzte Buchstabe *A:* Arbeite mit der Kraft der Vergebung, dann wird sich dein Leben verändern. Es ist zu schade, die Zeit des Lebens damit zu vergeuden, nachtragend zu sein. Verzeihen, vergeben, vergessen, um neu zu beginnen, dies entspricht deiner Lebensqualität. Die Liebe in dir gibt die dazu notwendi-

ge Kraft. Lerne zu begreifen, daß Menschen menschliche Schwächen haben und daß sie nur so handeln können, wie es ihrem Bewußtsein entspricht. Erwarte nichts und erfülle dein Leben, denn deshalb bist du hier!

Dagmar

Es liegt in der Seelennatur als geistiges Gut:

D: Du besitzt eine Fülle schöpferischer Kräfte, die für deinen Lebensweg notwendig sind.
A: Eine Fülle geistiger Gaben, hohe Leistungsfähigkeit und hohe Belastbarkeit.
G: Du hast die Gabe, in dir ruhend deine Arbeit zu verrichten.
M: Einblick in bereits angesammelte geistige Erfahrungen aus früheren Zeiten.
A: Die Kraft, das Leben zu erfüllen.
R: Die Gabe, dem Leben mit Liebe zu begegnen.

Wenn sich die Persönlichkeit behauptet und nur noch der Materie Aufmerksamkeit schenkt, ergeben sich Verzerrungen in der Lebensqualität und in der Ausdrucksform.

d: Die Persönlichkeit fühlt sich gefangen von der Vergangenheit, und es fällt ihr sehr schwer, diese loszulassen.
a: Der Rucksack, in dem sich bereits vieles staut (Stau der Lebensenergie) wird zu schwer.
g: Dadurch hat man den Kopf voller schwerer Gedanken, die eher grau als hell sind. Der Rucksack hält einen tief in der Materie fest. Sie erzeugt ein kleinliches, egoistisches Verhalten. Die materiellen Werte stehen an erster Stelle.
m: Schwerfälligkeit erschwert den Alltag, man fühlt sich klein und unbeachtet.
a: Das geschnürte Paket, der Rucksack, ist wie eine Zündkugel geladen.
r: Man möchte geliebt werden und sucht Anerkennung.

Was kann gelernt werden?

D: Mach deinen Durchbruch, den Schritt ins Licht.
A: Die Arbeitsfreude und deine intuitive Seite, geben dir die Kraft – du kannst es.
G: Du bist wie ein Stehaufmännchen, das sich immer wieder hochrappelt.
M: Die alten Weisheiten arbeiten in dir.
A: Arbeite mit deinem Potential, denn du trägst in dir unendlich viel Licht.
R: Lerne, mit der Liebe zum Leben zu arbeiten. Sie stärkt dich.

(D)A(GM)A(R)

Der erste Buchstabe *D:* Erkenne das Ganze, überschreite deine inneren Begrenzungen.
Die mittleren Buchstaben *G, M:* In dir liegt die Kraft, der Vergangenheit zu begegnen, um sie im Jetzt einzuordnen.
Der letzte Buchstabe *R:* Vergangene Erfahrungen steigen in dir auf, damit deine wahre Wesensnatur in deinem Leben wirksam eingesetzt werden kann. Liebe, die Einheit und Gleichklang hervorbringen möchte, ist der Sinn deines Lebens. Deine kreative, schöpferische Begabung bringt auch deiner Umwelt Freude und Harmonie. Lebe und erfülle deinen Plan!

Doris

Es liegt in der Seelennatur als geistiges Gut:

D: Eine Fülle schöpferischer Kräfte, die für deinen Lebensweg notwendig sind.
O: Die Fülle schöpferischer, kreativer Kräfte und Qualitäten.
R: Die höchste Gabe der Liebe, die unpersönlich wirkt.
I: Die Intuition.

S: Stabile Lebensenergie und Vitalität.
Wenn sich die Persönlichkeit behauptet und nur noch der Materie Aufmerksamkeit schenkt, ergeben sich Verzerrungen in der Lebensqualität und in der Ausdrucksform.

d: Die Persönlichkeit fühlt sich eingeengt. Die Vergangenheit hängt wie Blei an den Beinen, man kann nicht loslassen (nicht vergeben).
o: Dadurch ergeben sich Unruhe und Chaos.
r: Man wird kleinlich. Die Unzufriedenheit nimmt zu, die Erwartung an Umwelt und Partner ist größer als die Bereitschaft zu geben.
i: Eine Verneinung des eigenen Körpers kann eintreten. Das kann zu schmerzhaften Symptomen im Körper führen.
s: Oft wird die Lebensenergie durch verletzende Worte vergeudet. Die emotionale Reaktion kann dabei wie ein Vulkan wirken.

Was kann gelernt werden?

D: Überschreite deine eigenen gedanklichen Begrenzungen.
O: Erkenne deine schöpferische Fähigkeit und die Einzigartigkeit deines Wesens.
R: Beginne mit der Liebe, so wie du sie begreifen kannst, zu arbeiten. Ohne Liebe kein Leben, kein Licht, kein Lernen.
I: Die Intuition schenkt dir aus deiner höchsten Quelle all das, was für deine Inkarnation notwendig ist, um deine Aufgabe zu erfüllen!
S: Vertraue auf deine versorgende Quelle, sie ist deine Gesundheit!

(D)O(R)I(S)

Der erste Buchstabe *D:* Geh deinen Weg mutig und selbstbewußt. Erfasse die Einheit.
Der mittlere Buchstabe *R:* Die Liebe in höchster Form ist dir gegeben.
Der letzte Buchstabe *S:* Lerne damit umzugehen, damit dein Leben, dein Körper, zu einem wahren Ausdrucksmittel deiner

göttlichen Natur werden kann. Du bist ein Lichtträger. Das Licht ist in jedem Schwingungszustand in vollkommenster Form vorhanden. Erkenne es und arbeite mit deinen Gaben, denn die Liebe, das Mitgefühl, die Vergebung sind für alles Leben wichtig. Du trägst alles in dir, es ist deine Lebensqualität.

Edith

Es liegt in der Seelennatur als geistiges Gut:

- *E:* Du trägst in dir die Gabe, die Verbindung zwischen oben und unten, sowie die Harmonie von Körper, Geist und Seele, Verstand, Gefühl und Handlung herzustellen.
- *D:* Die schöpferischen Kräfte, um dein Leben zu erfüllen, ruhen in dir.
- *I:* Die Gabe der Intuition.
- *T:* Die Kraft des Sieges über das Körperelement.
- *H:* Mit beiden Beinen auf der Erde zu stehen und das Gleichgewicht zu halten.

Wenn sich die Persönlichkeit behauptet und nur noch der Materie Aufmerksamkeit schenkt, ergeben sich Verzerrungen in der Lebensqualität und in der Ausdrucksform.

- *e:* Die Persönlichkeit fühlt sich erniedrigt.
- *d:* Die Vergangenheit wird nicht losgelassen.
- *i:* Man verletzt sich selbst durch Ablehnung.
- *t:* Leiden manifestieren sich.
- *h:* Das Ego versucht sich immer wieder in den Vordergrund zu stellen. Illusionen zerplatzen wie Seifenblasen, und viele kleine »Ideen« entgleiten einem.

Was kann gelernt werden?

- *E:* Erkenne dich selbst im Spiel deines Lebens!
- *D:* Geh deine Schritte beständig nach vorn und laß deine Fehler der Vergangenheit los!

I: Lerne mit der Stimme deines Herzens besser umzugehen.
T: Dann bist du Sieger über dein Ego.
H: Steh mit beiden Beinen auf der Erde und halte nicht fest, was dir nicht gehört, halte die Balance und verweile in deiner Mitte.

(E)D(I)T(H)

Der erste Buchstabe *E:* Dein Körper ist dein Ausdrucksmittel.
Der mittlere Buchstabe *I:* Erhalte ihn mit der Kraft deiner Intuition.
Der letzte Buchstabe *H:* Liebe mit deinem Herzen und halte mit deiner Liebe das Gleichgewicht. Es ist wichtig für dein Leben, deine eigene Mitte zu finden, dann bist du der Halt (auch in deiner Familie). Die Mitte ist das Licht und die Liebe deiner göttlichen Natur. Deine Intuition lehrt dich, aus deinem Zentrum zu leben, wenn du die Bereitschaft dafür entwickelt hast.

Elfriede

Es liegt in der Seelennatur als geistiges Gut:

E: Die Gabe, Körper, Geist und Seele, Verstand, Gefühl und Handlung in Übereinstimmung zu bringen.
L: Das Leben bewußt zu führen.
F: Die Gabe, den inneren Frieden zum Ausdruck zu bringen.
R: Allem Leben mit Liebe zu begegnen.
I: Aus der Quelle der Intuition zu schöpfen.
E: Einklang und Harmonie herzustellen.
D: Die Gabe mit den schöpferischen Kräften das Leben zu erfüllen.
E: Verbindungen zu knüpfen, um das Leben zu bereichern.

Wenn sich die Persönlichkeit behauptet und nur noch der Materie Aufmerksamkeit schenkt, ergeben sich Verzerrungen in der Lebensqualität und in der Ausdrucksform.

e: Man fühlt sich klein, erniedrigt und manchmal etwas schwerfällig.
l: Das Ego sucht ständig nach Anerkennung.
f: Die kleine Persönlichkeit kann oft sehr stur sein, will nichts loslassen und hängt dadurch an der Materie fest. Die herzliche Freigiebigkeit ist dadurch begrenzt.
r: Die Sehnsucht nach Zärtlichkeit läßt Unzufriedenheit entstehen, denn die Erwartung ist größer als die Bereitschaft zu geben!
i: Durch dieses Verhalten leidet man still vor sich hin.
e: Man igelt sich ein.
d: Man verstaut den Frust und alles nicht Ausgesprochene in den Rucksack, der wie Blei an den Beinen hängt. Eine Unbeweglichkeit kann dadurch entstehen.
e: Diese drückt sich letztlich auch im körperlichen Bewegungsapparat aus.

Was kann gelernt werden?

E: Erkenne dich selbst im Spiel des Lebens und lerne, dich zu achten!
L: Nimm dein Leben in beide Hände, du bist stark genug, deine Entscheidungen zu treffen.
F: Frieden ist ein Zustand, den du zuerst in dir selber herstellen mußt, um ihn begreifen zu können.
R: Ohne Liebe erscheint das Leben trostlos. Schenke deine Liebe nicht nur deinem Partner. Schenke sie der Natur, der Welt, dem Kosmos.
I: Deine Intuition befähigt dich, eine Form der unpersönlichen Liebe zu entwickeln.
E: Dann kann dein Leben harmonischer und ausgeglichener verlaufen.
D: Wende deine Talente an, setze sie ein. Du trägst viele Fähigkeiten in dir, die darauf warten, in das tägliche Leben umgesetzt zu werden.

E: Lebe dein Leben. Übernimm für deine Lebenssituation die volle Verantwortung. Werde nicht müde und gib nicht auf, dein Leben immer wieder neu zu erforschen. Verbinde durch deine Liebe!

(E)LF(RI)ED(E)

Der erste Buchstabe *E:* Dein Körper ist dein Ausdrucksmittel.
Die mittleren Buchstaben *R, I:* Erhalte ihn durch die Kraft der Liebe und durch deine Intuition.
Der letzte Buchstabe *E:* Es ist dein Leben, das du meistern mußt. Die dazu notwendige Ausstattung hast du mitbekommen, auf deine Pilgerreise über diese Erde. Alles, was du benötigst, ist als Anlage in dir, arbeite damit und laß es nicht brachliegen. Immer wieder werden sich dir Möglichkeiten des Lernens anbieten, aber vergiß nicht, sie wiederholen sich so lange, bis du deine Aufgabe, dein Lernziel erfüllt hast. Erst dann verändern sich die Lebenssituationen. Du trägst in dir die Kraft, dein Leben zu meistern.

Elisabeth

Es liegt in der Seelennatur als geistiges Gut:

E: Die Gabe, Körper, Geist und Seele, Verstand, Gefühl und Handlung in Einklang zu bringen.
L: Ein bewußtes Leben zu führen.
I: Aus der Intuition zu schöpfen.
S: Stabile und vitale Lebensenergie.
A: Hohe Leistungsfähigkeit.
B: Ausgewogenheit und die Gabe der Gerechtigkeit.
E: Einklang und Harmonie zwischen den Dingen.
T: Sieg über den Körper.
H: Die Fähigkeit, Balance zu halten, um Halt zu geben, Gleichgewicht im Geistigen sowie im Physischen.

Wenn sich die Persönlichkeit behauptet und nur noch der Materie Aufmerksamkeit schenkt, ergeben sich Verzerrungen in der Lebensqualität und in der Ausdrucksform.

e: Man fühlt sich erniedrigt und etwas schwerfällig.
l: Das Ego sucht nach Anerkennung.
i: Man verletzt sich selbst.
s: Die gedrückte Lebenssituation macht ungerecht, und Worte können zerstörerische Tendenzen annehmen.
a: Diese Reaktionen belasten einen selbst, und man verstaut viele Belastungen im Rucksack.
b: Vieles rutscht so in die Tiefe der körperlichen Empfindung, und ein unausgeglichenes Verhältnis entsteht.
e: Dadurch leidet die Persönlichkeit und beginnt sich einzuigeln.
t: Der Schmerz nimmt zu, die Belastung der Irrtümer wird zu schwer.
h: Die Sehnsüchte und die Illusionen platzen wie Seifenblasen, doch das Ego versucht trotzdem sich in den Vordergrund zu stellen. Man leidet.

Was kann gelernt werden?

E: Dein Leben ist kostbar und wichtig. Verbinde oben und unten, Geist und Materie.
L: Lerne, dein Leben in beide Hände zu nehmen!
I: Arbeite mit der Kraft deiner Intuition.
S: Alles, was du denkst und fühlst, drückt sich in deiner Vitalität aus. Du hast die Gabe, deine körperlichen Energien zu lenken!
A: Durch unermüdliche Arbeit an dir verändern sich die unangenehmen Dinge des Lebens.
B: Ausgewogenheit und Weichheit werden deine Tage mit intuitiver Gabe erfüllen.
E: Dein Körper ist viel wichtiger, als du es wahrhaben willst. Nimm ihn an wie einen Partner.
T: Dein Sieg ist nicht weit, denn er ruht in dir.
H: Du findest in dir den Halt, der dich gerecht und einfühlsam sein läßt!

(E)LIS(A)BET(H)

Der erste Buchstabe *E:* Bringe deinen Körper ins Gleichgewicht.
Der mittlere Buchstabe *A:* Arbeite mit deinen kreativen, schöpferischen Kräften.
Der letzte Buchstabe *H:* Halte deine Harmonie aufrecht, denn sie ist wichtig für deine Lebensaussage! Wie im Großen, so im Kleinen... Das, was in dir ist, manifestiert sich auch in deinen äußeren Bereichen. Verbinde Himmel und Erde und erkenne dich selbst im Spiel des Lebens!

Emma

Es liegt in der Seelennatur als geistiges Gut:

E: Die Gabe, Körper, Geist und Seele, Verstand, Gefühl und Handlung in Übereinstimmung zu bringen.
M: Die Fähigkeit, auf altes bereits angesammeltes Erfahrungswissen zurückzugreifen.
M: Die Fülle der geistigen Erkenntnis in das Leben bewußt einzubringen.
A: Die Arbeitsfreude im Umgang mit der Fülle geistiger Erkenntnisse sowie hohe Belastbarkeit und Leistungsfähigkeit.

Wenn sich die Persönlichkeit behauptet und nur noch der Materie Aufmerksamkeit schenkt, ergeben sich Verzerrungen in der Lebensqualität und in der Ausdrucksform.

e: Man fühlt sich klein und unscheinbar.
m: Schwerfälligkeit erfüllt den Alltag.
m: Dadurch belastet man sich selbst, wird unbeweglicher und fällt oftmals in eine Art Melancholie (Depression).
a: Diese Belastungen werden im Rucksack verstaut, der immer schwerer wird. Dadurch kann Aggression entstehen, und man fühlt sich verletzt.

Was kann gelernt werden?

E: Dein Leben ist kostbar und wichtig. Dein Körper ist einmalig. Nimm ihn an als dein momentanes Ausdrucksmittel. Nutze deine Möglichkeiten.
M: Du trägst vieles in dir, was dir vertraut ist, ohne es im Jetzt gelernt zu haben. Deine Erfahrungen der Vergangenheit, die vielen geistigen Erleuchtungsblitze kommen dir zu Hilfe, um dein Leben bewußter zu erfüllen.
M: Lerne, auf deine intuitive Veranlagung zu hören, sie sagt dir das Richtige.
A: Arbeite mit deinen Möglichkeiten und lerne, mit beiden Beinen auf der Erde zu stehen.

(E)(MM)(A)

Der erste Buchstabe *E:* Dein Körper ist das Ausdrucksmittel deiner Seele.
Die mittleren Buchstaben *M, M:* Deine Seele bedient sich des alten Wissens.
Der letzte Buchstabe *A:* Dann erreichst du, was in der Vergangenheit versäumt wurde. Arbeite und bete, dies ist eine alte Weisheit, die bereits vielen geholfen hat. Arbeite in der physischen Welt und halte deine Aufmerksamkeit auf deine göttliche Natur gerichtet, damit alle aufbauenden Kräfte dein Leben erfüllen und dich stärken. Deine Lebensqualität zeigt dir, was zu tun ist. Deine hohe Leistungsfähigkeit bringt dich oftmals an die Grenzen physischer Belastbarkeit, doch immer dann, wenn es am schwierigsten erscheint, bekommst du aus dem Zentrum deiner göttlichen Natur die notwendige Kraft, um dich wieder einige Schritte vorwärts zu bewegen. Erkenne die Schönheit des Lebens in seiner Vielfalt, und erkenne sie auch in dir. Lebe dein Leben und werde dir des Lichtes bewußt, daß dich erfüllt, es ist strahlend hell und klar wie Sonnenlicht. Namensträger zu sein bedeutet, Lichtträger zu sein. Erlebe dich im Licht und sei die Sonne in deinem Alltag!

Eva

Es liegt in der Seelennatur als geistiges Gut:

E: Die Gabe, Körper, Geist und Seele, Verstand, Gefühl und Handlung in Einklang zu bringen.
V: Du trägst bereits den Sieg und eine Fülle kreativer Fähigkeiten in dir.
A: Arbeitsfreude, hohe Leistungsfähigkeit und Belastbarkeit.

Wenn sich die Persönlichkeit behauptet und nur noch der Materie Aufmerksamkeit schenkt, ergeben sich Verzerrungen in der Lebensqualität und in der Ausdrucksform.

e: Man fühlt sich klein und unscheinbar, manchmal wertlos.
v: Man erkennt die eigenen Möglichkeiten nicht und begrenzt sich dadurch ständig.
a: Dadurch ist man leicht gereizt, wird ungerecht und versteckt seinen angestauten Ärger im Rucksack, der langsam, aber sicher zu schwer wird. Gespannte Verhältnisse können dadurch entstehen, die sich wie eine ständige Herausforderung anfühlen.

Was kann gelernt werden?

E: Dein Körper ist einmalig und schön, denn er ist dein einziges Ausdrucksmittel. Nimm dich an, so wie du bist.
V: Deine geistige Natur befähigt dich, als Sieger deines Lebens hervorzugehen.
A: Arbeite mit der Fülle deiner geistigen, kreativen und schöpferischen Möglichkeiten.

(E)(V)(A)

Der erste Buchstabe *E:* Dein Körper ist das Instrument deiner Seele, deines Geistes.
Der mittlere Buchstabe *V:* Deine Stärke liegt in der Überwindung deiner Emotionalen Zustände.

Der letzte Buchstabe *A:* Durch Arbeit an dir selbst beginnt sich die Metamorphose zu vollziehen. Korrigiere mit deinem Herzen die kleinen menschlichen Schwächen, die in der Persönlichkeit hängen, und du wirst deine wahre Natur entdecken. Die Persönlichkeit muß diesen Lernschritt früher oder später vollziehen! Sie gibt sich nicht auf, sie ordnet sich nur ein. Das alles kann sich nur durch die Arbeit des einzelnen ergeben, dann kannst du sagen: Ich denke Licht, ich fühle Licht, ich stelle mir das Licht vor, ich identifiziere mich mit dem Licht – ich bin Licht! Es ist dein Leben, und nur du allein kannst entscheiden, etwas zu tun.

Franziska

Es liegt in der Seelennatur als geistiges Gut:

F: Die große Gabe durch Intuition Frieden und Harmonie in das eigene Leben zu bringen.
R: Liebe zum Leben.
A: Hohe Leistungsfähigkeit und Belastbarkeit.
N: Die Verbindung herzustellen.
Z: Die Verbindung zwischen Himmel und Erde, Geist und Materie.
I: Die Intuition.
S: Stabile Lebenskraft.
K: Die Gabe, geistiges Gut in die Materie umzusetzen.
A: Die Kraft, den Herausforderungen des Lebens standzuhalten.

Wenn sich die Persönlichkeit behauptet und nur noch der Materie Aufmerksamkeit schenkt, ergeben sich Verzerrungen in der Lebensqualität und in der Ausdrucksform.

f: Eine starke Persönlichkeitsprägung, die alles festhält, entwickelt sich.
r: Die Erwartungen an die Umwelt und den Partner wachsen. Die Forderungen können größer sein als die eigene Bereitschaft zum Geben.

a: Dadurch leidet die kleine Persönlichkeit und versucht, alles im Rucksack zu verstauen.
n: Eine gewisse Trägheit kann sich bemerkbar machen. Unlust und das Festhalten der alten überholungsbedürftigen Gedankenmuster sind eine zusätzliche Belastung, die den Frust verstärken. Der Schritt zur Veränderung wird verzögert.
z: Die durch den Druck entstehenden Fesseln ergeben immer neue Begrenzungen. Oftmals versucht dann das Ego, den Ton anzugeben.
i: Eine ablehnende Haltung kann den Alltag erschweren.
s: Man wird ungerecht.
k: Kompliziertes Denken und Handeln lassen das Leben schwer erscheinen.
a: Das geschnürte Paket wird ständig hinter sich her gezogen, die Vergangenheit lebt mit. Manchesmal erscheint das Leben dadurch als Last. Aggression und Depression können entstehen.

Was kann gelernt werden?

F: Lerne, den eigenen Zustand deines Daseins zu schätzen und zu achten.
R: Erkenne die Werte in dir, denn du bist in der Lage, Liebe zu schenken – nicht nur dem Partner!
A: Arbeite mit dem Wunsch, dein Bestes zu tun – es wird dir gelingen.
N: Lerne aus den Fehlern der Vergangenheit und versuche immer wieder aufs neue, es besser zu machen – ohne Leistungsdruck, ohne Erfolgszwang. Verbinde mit deinen Erfahrungen der Vergangenheit deine Gegenwart und laß deine intuitive Veranlagung wirken.
Z: Der Himmel ist dir genauso nahe wie die Erde. Verbinde beides miteinander, dann fühlst du dich überall zu Hause.
I: Deine Seelennatur versucht sich über deine Intuition in deinen Bewußtwerdungsprozeß einzuschalten. Intuition kann dann deine starke Seite werden, die dein Leben verändert.
S: Deine Lebensqualität, deine Gesundheit, dein Körperbefin-

den benötigen diese Quelle. Dann kannst du dich »heil« fühlen.
K: Schöpfe aus der Quelle deiner göttlichen Natur, und setze die Energie deinem momentanen Bewußtsein entsprechend in der Materie um.
A: Das bedeutet unermüdliche Arbeit an dir selbst. Du trägst die dazu notwendige Kraft sowie alle Voraussetzungen, um dies zu verwirklichen, in dir.

(F)RAN(Z)ISK(A)

Der erste Buchstabe *F:* Lebe dein Leben aus der Kraft deines Seelenfriedens.
Der mittlere Buchstabe *Z:* Verbinde alles Wissenswerte miteinander und entnimm deiner Betrachtung das, was für dich am besten ist.
Der letzte Buchstabe *A:* Arbeite mit deiner Erkenntnis und verändere so dein Leben. Du allein trägst dafür die Verantwortung, und niemand ist schuld an etwaigen Fehlschlägen. Vertrau auf die zarten Impulse deiner Intuition, und du wirst langsam lernen, damit umzugehen. Vertrau auf die Quelle, die dich versorgt, vertrau auf das Licht und auf die Liebe, die sich tief in dir regt. Durch Arbeit und Verbindlichkeit gelangst du zum Ziel deines Daseins, zum Frieden!

Gabriele

Es liegt in der Seelennatur als geistiges Gut:

G: Innere Ruhe, um sich zu verwirklichen.
A: Durch Arbeit, das Ziel zu erreichen.
B: Die Gabe, das Gleichgewicht zwischen oben und unten zu halten.
R: Dem Leben mit Liebe begegnen zu können.
I: Aus der höchsten Quelle zu schöpfen (Intuition).

E: Das Gleichgewicht von Materie und Geist in Übereinstimmung zu bringen.
L: Ein Leben im Bewußtsein zu erfüllen.
E: Das Körperliche sowie das Geistige in Einklang zu bringen. Wenn sich die Persönlichkeit behauptet und nur noch der Materie Aufmerksamkeit schenkt, ergeben sich Verzerrungen in der Lebensqualität und in der Ausdrucksform.
g: Ein sehr egoistisches Verhalten entwickelt sich, das sehr Vergangenheitsbezogen ist.
a: Dadurch steigern sich die aggressiven Zustände. Sie werden allzuoft vertuscht und in den Rucksack gepackt.
b: Durch diese Belastung geht der Druck in den körperlichen Bereich über. Unausgeglichenheit ist die Folge.
r: Die Persönlichkeit verlangt und fordert Aufmerksamkeit. Der Wunsch nach Beachtung und Zärtlichkeit ist sehr groß, die Bereitschaft, selbst zu geben ist sehr klein.
i: Durch diese Haltung leidet man still vor sich hin.
e: Langsam igelt man sich ein, erwartet aber immer die Veränderung von außen.
l: Das Ego versucht sich immer wieder in den Mittelpunkt zu stellen, um so die erwartete Zuwendung zu erhalten. Es macht sich stark und bläht sich auf wie ein Luftballon.
e: Man schiebt Veränderungen vor sich her, wird träge und schwerfällig. Dies liegt oft schwer im Magen.

Was kann gelernt werden?

G: In dir selbst ist der ruhende Pol zu finden. Entdecke ihn.
A: Nur durch Arbeit an dir kannst du dein Leben meistern.
B: Dein Körper ist dein Ausdrucksmittel, benutze die Fähigkeit deines Geistes und setze sie in dein Leben um.
R: Die Fähigkeit zu lieben ist deine große Stärke. Laß diese Liebe durch dein Wesen zum Ausdruck gelangen. Begrenze dich nicht, denn jede Pflanze benötigt Liebe, um wachsen zu können, ebenso wie jeder Mensch.
I: Deine Intuition möchte dir die Wege zeigen. Lerne, auf die zarten Impulse zu lauschen.
E: Deine Gaben befähigen dich, Harmonie zu verwirklichen

und deine Gedanken, Gefühle und Handlungen in Übereinstimmung zu bringen.
L: Begreife, daß du dein Leben selbst lenkst. Dieses Leben ist ebensowenig selbstverständlich wie dein Körper.
E: Deshalb ist es für dich wichtig, Frieden und Ausgeglichenheit zu entwickeln.

(G)AB(RI)EL(E)

Der erste Buchstabe G: Eine starke Kraft ruht in dir.
Die mittleren Buchstaben R, I: Die Kraft der Liebe und der Intuition.
Der letzte Buchstabe E: Durch diese Gaben kannst du dein Leben meistern, deine Gedanken, Gefühle und Handlungen in Übereinstimmung bringen. Deine Lebensqualität zeigt es dir, denn du bekommst immer wieder einen Schub, der dich auf die Füße stellt. Verwirkliche deinen Lebensplan deiner Seelennatur gemäß. Die Intuition hilft dir weiter, die Materie zieht dich, deshalb ist es oft schwer, das Mittelmaß zu finden. Die Kraft der Liebe zeigt dir letztlich den richtigen Schritt. Alles dient dazu, Erfahrungen machen zu können, jeder Mißgriff bedeutet: Mach es besser! Deshalb hast du deine Gaben auf deinem Weg über diese Erde mitbekommen. Lebe und erfülle dein Dasein und lerne die Kraft und das Wort Liebe begreifen...!

Gertrud

Es liegt in der Seelennatur als geistiges Gut:

G: Die Gabe in sich ruhend zu sein, um sich zu verwirklichen.
E: Körper, Geist und Seele in Einklang zu bringen.
R: Die höchste Form der Liebe zu leben.
T: Die Gabe des Sieges über das Körperelement.
R: Liebe zum Leben.
U: Offenheit, Inspiration.

D: Die Fülle schöpferischer Fähigkeiten und Kräfte, die notwendig sind, um dein Leben zu erfüllen.

Wenn sich die Persönlichkeit behauptet und nur noch der Materie Aufmerksamkeit schenkt, ergeben sich Verzerrungen in der Lebensqualität und in der Ausdrucksform.

g: Ein kleinliches, egoistisches Verhalten stellt sich ein.
e: Trägheit und Schwerfälligkeit erschweren den eigenen Fortschritt.
r: Die Kritiksucht nimmt zu, und die Erwartung in die Umwelt wächst.
t: Das Ego leidet, der Schmerz manifestiert sich im Körper.
r: Die Sehnsucht nach Zuwendung ist groß, die Bereitschaft zum Geben klein.
u: Man wird dadurch unruhig, denn man erniedrigt sich selbst und ist daher offen für alles Destruktive und Krankmachende.
d: Der Frust und alle Enttäuschungen werden im Rucksack versteckt, der wie eine schwere Eisenkugel an den Beinen hängt. Unbeweglichkeit und ein starres Verhalten können die Folgen sein.

Was kann gelernt werden?

G: Glaube an dich! In dir liegt alles, was du benötigst, um dein Leben zu gestalten.
E: Du hast nur diesen einen Ausdruckskörper, achte ihn, und beginne, deine Gedanken, Gefühle und Handlungen so zu ordnen, daß sie übereinstimmen.
R: Die Kraft deiner Liebe hilft dir, dein Leben erfreulich zu gestalten.
T: Durch deine Liebe kannst du als Sieger durch dein Leben gehen.
R: Denn die Liebe kann alle Wunden heilen, wenn sie nichts mehr an sich bindet!
U: Ungeahnte Schätze ruhen in dir, sie warten darauf, aus der Tiefe deines Wesens emporgehoben zu werden, denn du bist wie ein Gefäß, gefüllt mit schöpferischen Kräften.
D: Diese sind dir zueigen, um dein Leben zu erfüllen.

(G)ER(T)RU(D)

Der erste Buchstabe *G:* Du hast die Fähigkeit, wie ein Stehaufmännchen immer wieder auf die Füße zu kommen.
Der mittlere Buchstabe *T:* Die Kraft zum Sieg ist in dir.
Der letzte Buchstabe *D:* Geh mutig und voller Vertrauen in dein Leben. Es ist voll mit Überraschungen. Mit deinen Talenten kannst du vieles lösen. Durch deine schwungvolle Wesensart erzeugst du Freude. Nimm dich an, so wie du bist, und erfülle dein Leben, du hast die Kraft.

Gisela

Es liegt in der Seelennatur als geistiges Gut:

G: Die Gabe, in sich ruhend zu sein, um sich zu verwirklichen.
I: Die Intuition.
S: Lebenskraft und Vitalität.
E: Die Gabe, Materie und Geist zu verbinden, Gedanken, Gefühle und Handlungen in Übereinstimmung zu bringen.
L: Ein bewußtes Leben zu führen, um es zu erfüllen.
A: Die Arbeitskraft, hohe Belastbarkeit und Leistungsfähigkeit.

Wenn sich die Persönlichkeit behauptet und nur noch der Materie Aufmerksamkeit schenkt, ergeben sich Verzerrungen in der Lebensqualität und in der Ausdrucksform.

g: Ein kleinliches, egoistisches Verhalten stellt sich ein.
i: Man leidet, verneint sich selbst und erzeugt dadurch Schmerz.
s: Die eigene Lebenskraft wird geschwächt, man fühlt sich nicht wohl in seiner Haut und kann ungerecht wirken.
e: Selbsterkenntnis wird klein geschrieben, und so beginnt man, sich einzuigeln.
l: Die kleine Persönlichkeit sucht Anerkennung und bläht sich auf, stellt sich unmerklich in den Vordergrund.

a: Alles, was belastend wirkt, wird unverarbeitet im Rucksack verstaut, der dann eines Tages zu schwer wird und körperliche Schmerzen hervorruft.

Was kann gelernt werden?

G: Erkenne deine Fähigkeiten, in dir ist der ruhende Pol.
I: Deine Intuition führt dich sicher, wenn das Vertrauen auf deine göttliche Natur wächst.
S: Deine Lebensenergie ist angefüllt mit allem, was für deine körperliche sowie geistige Entwicklung notwendig ist. Die Kraft des richtigen Atems gehört ebenso zum Leben wie die Nahrungsaufnahme.
E: Durch deine Gaben bist du befähigt, Gedanken, Gefühle und Handlungen in Einklang zu bringen.
L: Es ist dein Leben, du allein mußt lernen, deine Entscheidungen zu treffen.
A: Durch deine Arbeit kommst du eines Tages an dein Ziel.

(G)I(SE)L(A)

Der erste Buchstabe *G:* Du hast die Gabe, wie ein Stehaufmännchen immer wieder einen neuen Anlauf zu deinem Ziel zu unternehmen.
Die mittleren Buchstaben *S, E:* Durch deinen Körper kann sich vollkommene Gesundheit zum Ausdruck bringen.
Der letzte Buchstabe *A:* Die Übereinstimmung mit allem, was du bist, ist nur durch Arbeit zu erreichen. Durch deine intuitive Veranlagung kannst du dein Ziel sehr schnell erreichen. Alles, was du denkst, wird sich durch dich zum Ausdruck bringen. Arbeite mit der Kraft deines Herzens und laß deine Seele regieren.

Hannelore

Es liegt in der Seelennatur als geistiges Gut:

H: Gleichgewicht, Balance, Gerechtigkeit.
A: Hohe Leistungsfähigkeit und Belastbarkeit.
N: Vergangenes mit Gegenwärtigem zu verbinden.
N: Altes Wissen wieder einzusetzen.
E: Übereinstimmung der Gedanken, Gefühle und Handlungen.
L: Das Leben bewußt zu erfüllen.
O: Aus der Fülle der schöpferischen Kräfte zu leben.
R: Die Gabe, das Leben zu lieben.
E: Körper, Geist und Seele in Einklang zu bringen.

Wenn sich die Persönlichkeit behauptet und nur noch der Materie Aufmerksamkeit schenkt, ergeben sich Verzerrungen in der Lebensqualität und in der Ausdrucksform.

h: Man verausgabt sich ständig. Nicht nur körperlich oder geistig, sondern auch materiell. Der Ideenreichtum kann nicht umgesetzt werden, man hält Illusionen fest.
a: Man beginnt das Unausgesprochene und Unglückliche im Rucksack zu verstauen.
n: Man neigt dazu, alte Gedankenmuster und Weltbilder festzuhalten.
n: Alte Erziehungsmethoden verhindern den eigenen freien Fortschritt.
e: Man wird träge und igelt sich ein, denn die Erwartungen werden von der Umwelt nicht so erfüllt, wie die kleine Persönlichkeit es sich vorstellt.
l: Das Ego versucht immer wieder, sich in den Vordergrund zu stellen und bläht sich auf. Die eigene Lebensenergie wird dabei sehr geschmälert.
o: Ein inneres Chaos kann sich ergeben. Unruhe plagt die Persönlichkeit bis hin zur Schlaflosigkeit.
r: Der tiefe Wunsch nach Beachtung und Anerkennung, nach Liebe und Zuwendung nagt.

e: So beginnt man, die notwendigen Veränderungen von der Umwelt zu erwarten, zieht sich in sein Schneckenhaus zurück und wartet.

Was kann gelernt werden?

H: Lerne, das Gleichgewicht zu halten, denn aus der höchsten Quelle deiner Versorgung fließt über deine Intuition all das, was du als geistige Grundlage benötigst, um dein Leben zu gestalten.
A: Arbeite unentwegt an dir und an deinen Erkenntnissen. Korrigiere, was du als unschön in dir entdeckst.
N: Lerne, dich selber zu entdecken, damit du deine Erfahrungen der Vergangenheit im Jetzt nutzen kannst.
N: Werde nicht müde, auch wenn es manchmal schwer erscheint. Deine geheimen Einblicke in deine früheren Inkarnationen gestatten es dir, den Zugang zu finden, der für dein Leben jetzt wichtig ist. Nur über die Sanftheit kannst du damit umgehen.
E: Dein Körper dient dir als Instrument, achte und beachte seine Signale. Verbinde in allem Geist und Materie.
L: Denn es ist dein Leben, es gehört zu deinen Lernaufgaben, die nur von dir erfüllt werden können.
O: Die Fülle deiner schöpferischen Kräfte verleiht dir viele Fähigkeiten, die du kreativ nutzen solltest.
R: Entdecke die Liebe. Wachse hinein in das Kraftfeld der Liebe, denn sie ist in der Tiefe der Materie ebenso zu finden wie in den höchsten Daseinsformen geistiger Natur.
E: Durch Liebe kannst du lernen zu vergeben. Dann kann dein Körper aufatmen, und die Verbindung der ausgewogenen Kommunikation kann fließen. Bringe dich in Harmonie, und du kannst deine Erfüllung finden.

(H)ANN(E)LOR(E)

Der erste Buchstabe *H:* Steh mit beiden Beinen fest auf der Erde, halte das Gleichwicht zwischen oben und unten.

Der mittlere Buchstabe *E:* Halte Gedanken, Gefühle und Handlungen in Harmonie.
Der letzte Buchstabe *E:* Deine Lebensqualität bringt sich durch dein Dasein zum Ausdruck. In dir sind so unendlich viele Kostbarkeiten, laß sie nicht nutzlos werden, wende deine Fähigkeiten an. Setze deine Talente ein und arbeite an dir. So wie du dich veränderst, verändert sich deine Welt, denn alles, worauf du deine Aufmerksamkeit lenkst, wird sich manifestieren. Denke an deine Intuition, sie läßt dich richtig denken, fühlen und handeln. Laß deinen Kopf nicht allein regieren, nutze die Kraft deines Herzens, und du wirst dein Ziel erreichen.

Helga

Es liegt in der Seelennatur als geistiges Gut:

H: Die Gabe, das Gleichgewicht zu halten; Balance und Gerechtigkeit.
E: Gedanken, Gefühle und Handlungen in Übereinstimmung zu bringen.
L: Das Leben bewußt zu erfüllen.
G: In sich ruhend zu sein, um sich zu verwirklichen.
A: Hohe Leistungsfähigkeit und Belastbarkeit.

Wenn sich die Persönlichkeit behauptet und nur noch der Materie Aufmerksamkeit schenkt, ergeben sich Verzerrungen in der Lebensqualität und in der Ausdrucksform.

h: Die kleine Persönlichkeit fühlt sich dazu berufen, den Ton anzugeben. Sie stellt sich in den Vordergrund und ist enttäuscht über die äußeren Reaktionen. Ideen werden mit Ilusionen verwechselt, und oft jagt man einem Traum, einer Seifenblase nach.
e: Dadurch zieht man sich zurück, igelt sich ein, fühlt sich unverstanden und unglücklich.
l: Immer wieder versucht das Ego, sich hervorzuheben, es bläht sich auf wie ein Luftballon und verausgabt so Lebens-

energie. Man schnürt sich zu sehr ab, was wiederum Störungen im Stoffwechselbereich hervorrufen kann.
g: Aber wie ein Stehaufmännchen schüttelt sich das Ego und startet einen neuen Versuch. Es wird allmählich kleinlich, egoistisch und lebt in der Vergangenheit.
a: Das Paket, der Rucksack wird immer schwerer, und man zieht ihn mit durch das Leben wie eine Zentnerlast.

Was kann gelernt werden?

H: Dein Gerechtigkeitssinn, kann dir helfen.
E: Du lernst, mit dir selbst besser umzugehen. Lerne, das Mittelmaß zu entdecken.
L: Lebe dein Leben und genieße den Augenblick. Jetzt!
G: Du hast die Gabe, immer wieder neuen Tatendrang zu verspüren, der dich vorwärtstreibt.
A: Arbeite mit deinen Qualitäten, denn das Leben trägt dir immer wieder Situationen zu, an denen du wachsen kannst. Die Aufforderung zur Tätigkeit kommt immer wieder auf dich zu.

(H)E(L)G(A)

Der erste Buchstabe *H:* Steh mit beiden Beinen auf der Erde, im Leben.
Der mittlere Buchstabe *L:* Lebe dein Leben, mit allem, was dir wichtig erscheint.
Der letzte Buchstabe *A:* Nur durch die Arbeit an dir selbst kannst du herausfinden, was lebensnotwendig und wichtig für deine individuelle Entwicklung ist. Dein Körper ist deine einzige sichtbare Ausdrucksform in dieser Welt, nutze die Chance und lebe. Deine Intuition belehrt dich, vertraue auf das, was sich in dir rührt, auf die Stimme deines Herzens – so kommst du gewiß an dein Ziel!

Ingeborg

Es liegt in der Seelennatur als geistiges Gut:

I: Die Gabe der Intuition.
N: Vergangenes mit Gegenwärtigem zu verbinden, Rückblick auf altes Wissen.
G: Die Gabe, in sich ruhend zu sein, um sich zu verwirklichen.
E: Verstand, Gefühl und Handlung in Übereinstimmung zu bringen.
B: Das Gleichgewicht und die Ausgewogenheit im Geistigen sowie im Physischen.
O: Aus der Fülle der schöpferischen Kräfte zu leben.
R: Die Kraft der Liebe zu allem Leben.
G: Die Gabe, wie ein Stehaufmännchen durch das Leben zu gehen.

Wenn sich die Persönlichkeit behauptet und nur noch der Materie Aufmerksamkeit schenkt, ergeben sich Verzerrungen in der Lebensqualität und in der Ausdrucksform.

i: Man verneint sich selbst, lehnt sich körperlich und geistig ab.
n: Alte eingefahrene Muster werden festgehalten. Auch wenn das Richtige erkannt wird, so wird es dennoch selten geändert.
g: Dadurch wird die kleine Persönlichkeit egoistisch, fordernd und kleinlich.
e: Man beginnt, sich langsam einzuigeln.
b: Persönliche Verbindungen werden krampfhaft festgehalten, und die Körperaktion und die Forderungen nehmen zu.
o: Ein kleines Chaos stellt sich im körperlichen und geistigen Bereich ein.
r: Die Erwartung auf die Rettung nimmt zu. Der Wille zu geben ist sehr gering.
g: Langsam hängt man dadurch mehr in der Vergangenheit als in der Gegenwart. Aggression und Unlust tragen dazu bei, daß man sich ständig von der Außenwelt angegriffen fühlt.

Was kann gelernt werden?

I: Lerne, auf die Stimme deines Herzens zu hören. Vertraue deinen Fähigkeiten, damit du mit der Intuition besser umgehen kannst.

N: Dadurch bekommst du wieder Zugang zu deinen bereits angesammelten Erfahrungen. Das Wissen der Vergangenheit steigt wieder an deine Bewußtseins-Oberfläche empor, damit du geistig reifen und vorwärtskommen kannst.

G: Deine Talente, bringen dir im Geistigen, wie im Materiellen Gewinn, wenn du deine Anlagen richtig nutzt.

E: Lerne, in dir Übereinstimmung der Gedanken, Gefühle und Handlungen zu erzeugen.

B: Dann fühlt sich dein Körper wohl. Erkenne seine Wichtigkeit. Lerne, mit Sanftheit Verbindungen zu knüpfen.

O: In dir ist alles enthalten, dein gesamter Schöpfungszyklus. Deine Intuition schenkt dir, was für dich wichtig ist. Die Fülle ist vorhanden.

R: Du hast die Fähigkeit zu lieben. Lerne, die Liebe wachsen zu lassen, damit sie dem Leben in jeglicher Form zuströmen kann.

G: Deine Talente sind vielseitig. Lerne das zu tun, was deiner Berufung entspricht. Die Materie ist nur ein Teil, der den Menschen erfüllt und beruhigt. Deine Gabe verleiht dir so viel Kraft, daß du dich aus allen Lebenssituationen wieder aufrappeln kannst.

(I)NG(EB)OR(G)

Der erste Buchstabe *I:* Dein Leben steht unter dem Einfluß deiner Intuition.
Die mittleren Buchstaben *E, B:* Die Inspiration hilft dir, das Gleichgewicht zu entwickeln.
Der letzte Buchstabe *G:* Deine tiefe Sehnsucht nach einer gewissen Form der Vollkommenheit regt dich an, immer noch mehr tun zu wollen (müssen), um Perfektion zu erreichen. Laß diesen Perfektionismus los, werde locker im Umgang mit dir und verzeih dir deine kleinen Fehler. Das Leben stellt dich

immer wieder vor neue Situationen, um dir zu zeigen, was du verbessern kannst. Deine Gaben, deine Lebensqualität bringen sich durch deinen Körper zum Ausdruck, wenn du es geschehen läßt! Liebe und Sanftmut, Schönheit und Intuition ruhen in dir. Lebe und erfülle dein Leben mit den Fähigkeiten, die dir zueigen sind. Das Leben ist schön und wunderbar.

Julia

Es liegt in der Seelennatur als geistiges Gut:

J: Intuition und Erdung ruhen in dir.
U: Wie ein offenes Gefäß des Geistes ruht in dir die Fülle geistigen Wissens.
L: Die Gabe, das Leben bewußt zu erfüllen.
I: Die Intuition.
A: Die Kraft, um mit den Gaben umgehen zu können; hohe Leistungsfähigkeit.

Wenn sich die Persönlichkeit behauptet und nur noch der Materie Aufmerksamkeit schenkt, ergeben sich Verzerrungen in der Lebensqualität und in der Ausdrucksform.

j: Man erschwert sich das Leben in den kleinen Dingen des Alltags. Man neigt dazu, ablehnend zu reagieren und kann sich seine eigenen Fehler nicht verzeihen.
u: Da man sich selbst ablehnt, wird man offen für alles Naheliegende, Destruktive, Krankmachende. Die Meinung der anderen zählt mehr als die eigene.
l: Die kleine Persönlichkeit versucht, sich groß zu machen, bläht sich auf wie ein Luftballon und schnürt sich die eigene Lebensenergie ab. Das kann sich im unteren Körperbereich widerspiegeln.
i: Die Ablehnung und Auflehnung gegen die eigenen Körperbedürfnisse erschweren das Dasein, man leidet still vor sich hin und neigt zur Depression.

a: Der Rucksack beginnt sich zu füllen und wird letztlich so schwer, daß das Herz schmerzt.

Was kann gelernt werden?

J: Nutze die Kraft deiner Individualität. Über deine Intuition bekommst du deine geistigen Informationen, aber behalte immer einen kühlen Kopf und damit den Boden unter deinen Füßen.
U: Aus der Fülle deiner Gaben, die aus der Tiefe deiner Seelennatur in dein Bewußtsein aufsteigen, kannst du dein Leben bereichern. Die Offenheit deiner Wesensnatur kann Neues und Aufregendes mit sich bringen.
L: Bewahre dir deine innere Ruhe und lebe dein Leben. Entnimm deinen Informationen nur das, was dein Leben verschönert und was dich glücklich und zufrieden macht.
I: Intuition ist deine starke Seite, nutze deine Gabe und lerne.
A: Arbeit, deine Leistungsfähigkeit liegt in deiner geistigen Stärke. Nutze sie!

(J)U(L)I(A)

Der erste Buchstabe *J:* Dein Leben stellt dich immer wieder auf die Füße.
Der mittlere Buchstabe *L:* Nimm dein Leben wahr wie ein Geschenk, es ist sehr kostbar.
Der letzte Buchstabe *A:* Arbeite an dir, und alles verändert sich.
Die Möglichkeiten deiner Entwicklung sind sehr vielfältig, denn viele Talente warten darauf, von dir entdeckt zu werden. Deine Intuition belehrt dich, was für dich wichtig ist, denn der Frieden ist für den Körper ebenso wichtig wie für die Seele. Dein Leben bringt dir das notwendige bei, und es ist dein Lernfeld. Lebe bewußt und nimm es in beide Hände. Entscheide und handle, vertraue und handle – nur Mut!

Jutta

Es liegt in der Seelennatur als geistiges Gut:

J: Intuition und Erdung.
U: Geistiges Wissen ruhen in dir wie in einem Gefäß.
T: Die Kraft des Sieges über das Körperelement.
T: Der Sieg.
A: Die Arbeitsfähigkeit, die hohe Leistungsfähigkeit und die Begeisterung.

Wenn sich die Persönlichkeit behauptet und nur noch der Materie Aufmerksamkeit schenkt, ergeben sich Verzerrungen in der Lebensqualität und in der Ausdrucksform.

j: Man erschwert sich die Lebenssituationen, ist kleinlich und umständlich. Eigene Fehler kann man sich nicht verzeihen.
u: Der eigene Körper wird abgelehnt, dadurch kann sich Offenheit für Destruktives ergeben. Man neigt dazu, zuviel auf die Meinungen anderer zu hören. Das eigene Potential wird unter den Scheffel gestellt.
t: Tief im Innern weiß und spürt man, wie es sein sollte. Aber die Unfähigkeit sich durchzusetzen bedrückt. Die Persönlichkeit beginnt zu leiden.
t: Der Schmerz kann bis ins Herz gehen, dennoch versucht man oftmals die Dinge, die bereinigt werden sollten, zu vertuschen.
a: Sie werden fein säuberlich in den Rucksack geschlichtet, bis er platzt. Dann ergeben sich die furchtbarsten Vulkanausbrüche und vieles zerbricht.

Was kann gelernt werden?

J: Nutze die Kraft deiner Individualität. Durch deine Intuition bekommst du deine geistigen Informationen. Bewahre dir deinen klaren Verstand und bleibe mit den Füßen auf dem Boden.

U: Mit der Fülle deiner Fähigkeiten kannst du dein Leben bereichern, nicht nur geistig, auch beruflich.
T: Lerne, auf deine intuitive Veranlagung zu hören, dann tust du das Richtige.
T: Vertrau dir, dann ist es dein Sieg.
A: Lerne, deine Arbeiten zu unterscheiden, was ist wichtig? Man kann nicht alles perfekt machen! Deine Stärke liegt in deiner Arbeitskraft, aber überschätze dich nicht.

(J)U(T)T(A)

Der erste Buchstabe *J:* Dein Leben stellt dich immer wieder auf die Füße.
Der mittlere Buchstabe *T:* Ein wahrer Sieg ist es, wenn die Liebe der große Lenker ist.
Der letzte Buchstabe *A:* Arbeite und lebe, arbeite und bete. Deine Lebensqualität ist erfüllt mit Intuition und Erdung zugleich. Du hast die Gabe, die Situationen von einer Warte der Neutralität aus zu betrachten, dadurch kannst du Handlungen vollziehen, die aufbauend sind, denn die Emotionen weichen dem Einfühlungsvermögen. Wenn es dir gelingt, deine innere Ausrichtung auf das Zentrum deiner göttlichen Natur zu festigen, dann ergeben sich Vertrauen und Zuversicht, die alle Dinge des Lebens für dich bewußter werden lassen. Siege mit der Liebe und handle mit der Intuition, entscheide für dich, und deine Wege werden dich zum Ziel führen.

Karin

Es liegt in der Seelennatur als geistiges Gut:

K: Die Gabe aus dem Geistigen zu schöpfen, um mit sehr viel Feingefühl die Materie zu lenken.
A: Die Fähigkeit, mit den innewohnenden Kräften zu arbeiten, hohe Leistungsfähigkeit.

R: Die Liebe zu allem Leben.
I: Aus der Quelle zu schöpfen, die Intuition.
N: Vergangenes Wissen in die Gegenwart einzubringen.

Wenn sich die Persönlichkeit behauptet und nur noch der Materie Aufmerksamkeit schenkt, ergeben sich Verzerrungen in der Lebensqualität und in der Ausdrucksform.

k: Die Persönlichkeit beginnt kleinlich zu denken. Alles wird komplizierter gemacht und gesehen, als es ist. Man kann dazu neigen, das Alte festzuhalten, aus dem Gefühl der Gewohnheit und der Sicherheit.

a: Man fühlt sich nicht besonders wohl in seiner Haut. Es kann sein, daß man das, was einen in der Tiefe des Herzens bewegt, in den Rucksack versteckt.

r: Die Kritik an der Umwelt oder am Partner kann zunehmen, die Forderung nach Beachtung und Anerkennung lassen das Ego leiden. Sehnsucht nach Liebe wächst, die Angst vor eventueller Enttäuschung nimmt zu.

i: Die ablehnende Haltung gegenüber den körperlichen Bedürfnissen läßt das eigene Leid zunehmen.

n: Durch die ständige Verneinung ist es schwer, alte Verhaltensweisen zu lösen. Die Schwerfälligkeit, die hervorgerufen werden kann, hat wiederum Unzufriedenheit und Unlust zu Folge.

Was kann gelernt werden?

K: Lerne, mit dem Herzen zu denken und zu fühlen, denn der nüchterne Verstand ist nur ein Teil.

A: Laß auch das Gefühl entscheiden und halte Verstand und Gefühl in harmonischer Verbindung. Dein Leben fordert dich auf, dich zu verwirklichen!

R: Die Gabe der Liebe ist deine Stärke – jener Liebe, die das Leben umfängt, ohne zu werten.

I: Deine Intuition läßt dich aus der Tiefe deiner Seele schöpfen.

N: Du kannst lernen, mit dem Wissen deiner bereits angesammelten Erfahrungen aus früheren Inkarnationen umzugehen. Es wird dir nur das zufließen, was deiner jetzigen Lebensrunde entspricht.

(K)A(R)I(N)

Der erste Buchstabe *K:* Verbinde Geist und Materie durch die Kraft deiner Liebe.
Der mittlere Buchstabe *R:* Die Liebe befähigt dich, deinem Ziel entgegenzueilen.
Der letzte Buchstabe *N:* Alles, was du wissen mußt, liegt in dir. Entdecke deinen eigenen Schatz und nutze ihn. Deine Erfüllung findest du, indem du lernst, Liebe zu leben und zu geben. Keine Materie könnte bestehen, wäre die Liebe nicht.

Katharina

Es liegt in der Seelennatur als geistiges Gut:

K: Die Gabe, aus dem Geistigen zu schöpfen, um mit sehr viel Feingefühl die Materie zu lenken.
A: Die Fähigkeit, mit den innewohnenden Kräften zu arbeiten, hohe Leistungsfähigkeit.
T: Die Kraft des Sieges.
H: Gerechtigkeit walten zu lassen; Gleichgewicht und Balance.
A: Die Kraft, damit umzugehen.
R: Die Fähigkeit zur Liebe, Liebe zum Leben in jeglicher Form.
I: Die Intuition.
N: Vergangenes mit Gegenwärtigem zu verbinden.
A: Alle Anforderungen erfüllen zu können.

Wenn sich die Persönlichkeit behauptet und nur noch der Materie Aufmerksamkeit schenkt, ergeben sich Verzerrungen in der Lebensqualität und in der Ausdrucksform.

k: Kleinliches und kompliziertes Denken und Handeln können sich einstellen.
a: Die Arbeit fällt einem schwer, und man versucht, seinen Frust zu verstecken, alles wird im Rucksack verstaut.
t: Die Persönlichkeit beginnt zu leiden, der Schmerz sitzt tief,

geht unter die Haut und sucht sich die Schwachstellen im Körper, um sich bemerkbar zu machen.
h: Das Ego bäumt sich immer wieder auf und versucht sich in den Vordergrund zu stellen. Die Illusionen zerplatzen sehr schnell.
a: Die Arbeit mit sich selbst wird eine schwere Last.
r: Die Hoffnung, daß eine Änderung des Zustandes von außen erfolgt, wird nicht aufgegeben, doch die Erwartung, Liebe zu bekommen, wird größer als die Bereitschaft, selber zu geben.
i: Die Ablehnung und die Verneinung der eigenen Lebensqualität schmälert das Energieverhältnis, und man fühlt sich klein und wertlos.
n: Wenn diese Haltungen eingenommen werden, ergeben sich Schwerfälligkeit und Einschränkungen im Bewegungsapparat.
a: Aber das Leben fordert heraus, und wenn sich das Ego unverstanden fühlt, überspielt es die eigenen Zustände und versteckt sie in dem zu klein werdenden Rucksack. Wenn der einmal platzt, reagiert der Körper und die Nerven spielen verrückt.

Was kann gelernt werden?

K: Lerne, mit dem Herzen zu denken und zu fühlen, denn der Verstand ist nur ein Teil deines Wesens.
A: Lerne mit dem Gefühl zu entscheiden und zu arbeiten. Dann werden deine Arbeiten geistige und physische Früchte tragen. Durch die harmonische Verbindung von mentaler und emotionaler Ebene werden sich die Dinge deines Lebens fügen.
T: Deine Tätigkeiten führen zum Sieg.
H: In dir ruhen Talente der Vergangenheit, die in deinem Seelenreservoir gespeichert sind. Mit dem Herzen, der Liebe, und deiner Intuition kannst du Verbindungen herstellen, die zu einem klaren Bewußtsein beitragen. So stellst du Halt dar, denn die Stärke, die du suchst, liegt in deiner Seelennatur.

A: Die Aufforderungen, alle Gaben zum Einsatz zu bringen, werden dir vom Leben immer wieder entgegengebracht.
R: Deine Liebe kann so weit reifen, daß alles Leben darin Platz hat.
I: Nutze deine Intuition und wachse.
N: Lerne, verbindlich zu sein, um die inneren Zusammenhänge erkennen zu können. Lerne, zu lieben und zu vergeben. Schau nicht auf das Gestern oder Morgen, lebe im Jetzt und Heute!
A: Folge dem Ruf deiner Seele, denn aus deiner tiefen Verbundenheit mit deiner höchsten Bewußtseinsebene trägst du bereits die Ahnungen in dir. Arbeite mit deinen Gaben.

(K)ATH(A)RIN(A)

Der erste Buchstabe *K:* Über deine Intuition, laß die geistigen Kräfte in die Materie fließen.
Der mittlere Buchstabe *A:* Arbeite mit deiner intuitiven Veranlagung und bewahre sie in dir.
Der letzte Buchstabe *A:* Allen Herausforderungen kannst du gerecht werden, denn die Kraft liegt in dir, deine Lebensqualitäten voll zu leben. All deine Erfahrungen bringen dich einen Schritt näher an dein Lernziel, denn die Siegeskraft ist in dir verankert. Lerne, dein Leben mit Sanftheit und Liebe zu lenken, so wird es Segen tragen.

Laura

Es liegt in der Seelennatur als geistiges Gut:

L: Die Gabe, das Leben bewußt zu erfüllen.
A: Die Gabe, durch Arbeit das Leben zu gestalten.
U: Schöpferische Fülle und geistige Offenheit.
R: Die Fähigkeit zu lieben.
A: Die Kraft, mit all den Gaben arbeiten zu können.

Wenn sich die Persönlichkeit behauptet und nur noch der Materie Aufmerksamkeit schenkt, ergeben sich Verzerrungen in der Lebensqualität und in der Ausdrucksform.

l: Die Persönlichkeit beherrscht das Lebensspiel und verausgabt sich schnell.
a: Der Ärger über eigene Unzulänglichkeiten wird im Rucksack verstaut.
u: Dadurch kann ständige Gereiztheit und Offenheit für alles Destruktive entstehen.
r: Die Erwartung in Partner und Umwelt ist groß, der Wunsch nach Liebe und Beachtung läßt ständig neue Forderungen entstehen.
a: Da diese nicht erfüllt werden können, ist man frustriert, versucht den enttäuschten Zustand zu überspielen und versteckt die Probleme im Rucksack. Dieser wird schwerer und belastender.

Was kann gelernt werden?

L: Nimm dein Leben in beide Hände und beginne deine Schritte nach vorn zu richten.
A: Arbeite mit deiner Anlage, denn es geht um deine Zukunft.
U: In dir ruhen viele Qualitäten, Talente und Fähigkeiten, nutze sie.
R: Die Liebe hilft dir, dein Leben zu gestalten.
A: Arbeite und lebe dein Leben.

(L)A(U)R(A)

Der erste Buchstabe *L:* Lebe bewußt, genieße den Augenblick.
Der mittlere Buchstabe *U:* Deine innere Schönheit kann dein Leben bereichern.
Der letzte Buchstabe *A:* Arbeite mit deinem Herzen, damit die Liebe dein Leben erfüllen kann. Laß dich nicht beirren oder beeindrucken von Äußerlichkeiten, die dich verwirren könnten. Denke über dein Leben nach und erkenne, was für dich erstrebenswert wäre. Erarbeite es dir und schöpfe Kraft aus

deinem Seelenpotential. Du bist hier, um zu leben, zu lieben, zu lernen. Erfülle dein Leben, damit du deine Erfüllung findest.

Manuela

Es liegt in der Seelennatur als geistiges Gut:

M: Die Fähigkeit, auf altes Erfahrungswissen zurückzuschauen, um Einblick in frühere Lebensabläufe nehmen zu können.
A: Die Gabe, durch Arbeit das alte Wissen wieder neu zu gestalten.
N: Vergangenes Wissen in das Jetzt wieder einzubringen.
U: Schöpferische Fülle und geistige Offenheit.
E: Die Gabe, Verstand, Gefühl und Handlung in Übereinstimmung zu bringen.
L: Die Gabe, bewußt das Leben zu erfüllen.
A: Die Kraft, den Anforderungen des Lebens gerecht zu werden; hohe Leistungsfähigkeit.

Wenn sich die Persönlichkeit behauptet und nur noch der Materie Aufmerksamkeit schenkt, ergeben sich Verzerrungen in der Lebensqualität und in der Ausdrucksform.

m: Schwerfälligkeit und Minderwertigkeitsgefühle können den Alltag erschweren.
a: Man versteckt seinen Komplex im Rucksack.
n: Es fällt oft sehr schwer, sich von alten Verhaltensformen oder Dingen zu lösen. Sturheit, Unnachgiebigkeit können sich einstellen.
u: Ein kleines Gefäß, das sich im Ego sonnt, aber anfällig ist für Klatsch. Die Meinung der anderen zählt mehr als die eigene. Man ist offen für alles, was destruktiv wirkt.
e: Die Persönlichkeit leidet darunter und igelt sich ein.
l: Das Ego bläht sich immer wieder wie ein Luftballon auf, dem schnell die Luft entweicht.

a: All das wird im Rucksack verstaut, der fast bis zum Platzen gefüllt sein kann. Der Körper meldet sich dann.

Was kann gelernt werden?

M: Lerne, die Möglichkeiten deiner geistigen Natur zu schätzen und zu nutzen. Aus den Tiefen deiner Seele steigt vieles in dein Bewußtsein auf. Lerne, damit umzugehen.
A: Arbeite an dir und verwirkliche deine ideellen Vorstellungen durch dich.
N: Das Wissen aus vergangener Zeit wird nur so viel Einsicht freisetzen, wie es deiner individuellen Entwicklung entspricht. Denke darüber nach und lebe danach.
U: Deine geistige Offenheit sollte sich auf die schönen erbaulichen und erhebenden Formen und Darstellungen richten.
E: Lerne, das anzunehmen, was für dich wichtig ist. Lerne die Nahrung aufzunehmen, die dir guttut. Bringe in dir Harmonie zum Ausdruck, in Übereinstimmung deiner Gefühle und Vorstellungen. Denn Geist und Materie bilden in dir eine Einheit.
L: Es ist dein Leben. Du lebst, liebst und erfüllst dein Leben, aber um die Erfüllung zu finden, muß man lernen, die geistige Natur anzuerkennen.
A: Das Leben ist erfüllt mit Arbeit und mit der Aufforderung, alles einzusetzen.

(M)AN(U)EL(A)

Der erste Buchstabe *M:* Begreife, daß deine Seele seit Ewigkeiten lebt.
Der mittlere Buchstabe *U:* Begreife, daß deine Ausdrucksform, dein Körper, wie ein Gefäß, für den Geist ist.
Der letzte Buchstabe *A:* Begreife, daß dein Leben nur Erfüllung findet, wenn du deine intuitive Anlage nutzt. Deiner Wesensnatur entsprechend lerne, die Kraft deines Körpers, aber auch die deines Geistes anzuwenden. In dir ruhen Schätze, die dein Lebenspotential anheben, wenn du sie nutzt. Die Weisheit hilft dir nichts, wenn du nicht weißt, wie du sie einsetzen kannst. Dir

kommt beides entgegen – aus der Tiefe deiner Seele. Ein wahrer König regiert in Liebe, sie ist die Kraft! Ein König, der mit Macht regiert, erzeugt Groll! Arbeite an dir und nutze deine Fähigkeiten, um dein Leben zu meistern.

Maria

Es liegt in der Seelennatur als geistiges Gut:

M: Die Fähigkeit, auf altes bereits angesammeltes Erfahrungswissen zurückzuschauen und Einblick nehmen zu können in frühere Lebensabläufe.
A: Die Gabe, durch Arbeit das alte Wissen wieder neu zu gestalten.
R: Die Gabe der Liebe zum Leben.
I: Die Intuition.
A: Die hohe Leistungsfähigkeit, Belastbarkeit und ein starkes Energiepotential.

Wenn sich die Persönlichkeit behauptet und nur noch der Materie Aufmerksamkeit schenkt, ergeben sich Verzerrungen in der Lebensqualität und in der Ausdrucksform.

m: Schwerfälligkeit beeindrucken den Alltag. Man sieht und fühlt sich klein und unscheinbar.
a: Die Unlust und der so entstehende Frust werden im Rucksack verstaut.
r: Die Sehnsucht nach Liebe und Beachtung werden nicht den Erwartungen entsprechend erfüllt, so kann es sein, daß die Persönlichkeit sehr kleinlich wird.
i: Die Ablehnung, die sich oft auf Körper und Umwelt bezieht, läßt einen schmerzvollen Zug entstehen, der oftmals die Wirbelsäule betrifft.
a: Vieles, was ausgesprochen und geklärt werden sollte, wird unverdaut im Rucksack versteckt. Diese Belastungen können nur begrenzt vom Körper ertragen werden.

Was kann gelernt werden?

M: Lerne, die Möglichkeiten deiner geistigen Natur zu schätzen und zu nutzen. All deine Ahnungen steigen aus den Tiefen deiner Seelennatur in dein Bewußtsein empor, um dir Wege zum Ziel aufzuzeigen. Vergangenes Wissen fließt dir über deine Intuition wieder zu, damit du dein Leben besser erfüllen kannst.

A: Lerne, mit dem Herzen zu arbeiten, damit das geistige Gut ins Fließen kommt, Arbeite mit dem Verstand, damit die Materie zu ihrem Recht kommt.

R: Arbeite mit Liebe, damit sich dein geistiger Plan erfüllen kann.

I: Nutze die Intuition, damit sich dein geistiges und physisches Fundament festigen kann.

A: Arbeite und halte dein Bewußtsein auf das höchste Gut in dir ausgerichtet, dann kannst du den Anforderungen des Lebens gerecht werden.

(M)A(R)I(A)

Der erste Buchstabe *M:* Begreife, daß deine Seele seit Ewigkeiten lebt.
Der mittlere Buchstabe *R:* Deine Seele ist aus der vollkommenen Liebe hervorgetreten.
Der letzte Buchstabe *A:* Dein Leben findet nur Erfüllung, wenn sich die Liebe zum Leben entzündet, denn das uralte Wissen um die Kraft der Liebe, die nichts an sich bindet, arbeitet in der Tiefe deines Wesens. Arbeite mit der Liebe, und dein Lebensplan wird sich erfüllen, das Ziel ist sehr nahe.

Marion

Es liegt in der Seelennatur als geistiges Gut:

M: Die Fähigkeit, auf altes bereits angesammeltes Erfahrungswissen zurückzuschauen, Einblick nehmen zu können in frühere Lebensabläufe.
A: Die Gabe, durch Arbeit das alte Wissen wieder neu zu gestalten.
R: Die Gabe der Liebe zum Leben.
I: Die Intuition.
O: Die schöpferische Kraft in vollkommener Fülle.
N: Vergangenes mit Gegenwärtigem zu verbinden.

Wenn sich die Persönlichkeit behauptet und nur noch der Materie Aufmerksamkeit schenkt, ergeben sich Verzerrungen in der Lebensqualität und in der Ausdrucksform.

m: Schwerfälligkeit kann erdrückend wirken, man fühlt sich klein und unscheinbar.
a: Die Unzufriedenheit und der Frust werden im Rucksack verstaut.
r: Die Sehnsucht nach Anerkennung, Liebe und Beachtung werden nicht den Erwartungen entsprechend erfüllt, dadurch entsteht Kleinlichkeit und Kritiksucht.
i: Die Ablehnung, die sich oft auf Körper und Umwelt bezieht, läßt einen schmerzhaften Zustand entstehen, der sich oftmals im Wirbelsäulenbereich manifestiert.
o: Das alles erzeugt eine innere Unruhe, die einem Chaos gleicht.
n: Die alten Muster der Vergangenheit werden nicht losgelassen. Durch die ständige Verneinung der eigenen Substanz entsteht Trägheit.

Was kann gelernt werden?

M: Lerne, die Möglichkeiten deiner geistigen Natur zu schätzen und zu nutzen. All deine Impulse steigen aus der Tiefe deiner Seelennatur in dein Bewußtsein empor, um dir Wege zum Ziel zu zeigen. Begreife es und lerne, damit umzugehen, denn vergangenes Wissen fließt dir über deine Intuition wieder zu, damit du dein Leben erfüllen kannst.

A: Lerne, mit dem Herzen zu arbeiten, damit das geistige Gut ins Fließen kommt. Arbeite mit dem Verstand, damit die Materie zu ihrem Recht kommt.

R: Arbeite mit der Liebe, damit sich dein Hiersein erfüllen kann.

I: Nutze die Intuition, damit sich dein geistiges Fundament festigen kann.

O: Aus deiner Seele steigen in dir schöpferische Zusammenhänge auf und setzen sich oftmals als Gefühl oder Bild um. Sie stellen geistige Gesetzmäßigkeiten dar und können bewußtseinsmäßig nur in dem Maße angenommen werden, wie es deiner individuellen Entwicklung entspricht. Die materiellen Anteile erlauben dir, eine Fülle von Talenten zu entwickeln.

N: Lerne immer wieder, alles, was du in dir und deiner Welt entdeckst, zu verbinden. Lerne zu vergeben und Toleranz zu üben. Es wird dir nur so viel zuteil, was für dein Leben, deine geistige Entfaltung notwendig und wichtig ist!

(M)A(RI)O(N)

Der erste Buchstabe *M:* Deine Seele ist seit sehr langer Zeit auf einer »Pilgerreise durch die Welten«.
Die mittleren Buchstaben *R, I:* Begreife, daß nur durch liebevolle Handlungen das Ziel erreicht werden kann. Deine Intuition hilft dir dabei.
Der letzte Buchstabe *N:* Liebe ist deine wahre Seelenkraft, deshalb ist es deine Lebensqualität und nur du allein bist für dein Leben verantwortlich. Vergebung ist ein Aspekt jener Liebe, die wir als göttlich bezeichnen. Mitgefühl für das Leben zu entwickeln gehört zu deinem Dasein. Geh deinen Weg freudig, auch wenn es manchmal schwierig erscheint. Die Sonne scheint immer, auch wenn es Nacht ist! Arbeite und trage das Licht in deine Welt, du bist stark genug, denn deine Liebe ist groß...

Michaela

Es liegt in der Seelennatur als geistiges Gut:

M: Die Gabe auf altes Erfahrungswissen zurückzuschauen, um Einblick nehmen zu können in frühere Lebensabläufe.
I: Die Gabe der Intuition.
C: Die Fülle des Geistes zu nutzen und für geistiges Gut aufnahmebereit zu sein.
H: Gleichgewicht, Balance und Gerechtigkeit.
A: Die Kraft, mit den Gaben arbeiten zu können.
E: Körper, Geist und Seele in Einklang zu bringen.
L: Bewußt das Leben zu erfüllen.
A: Die Gabe, allen Anforderungen des Lebens gewachsen zu sein; hohe Leistungsfähigkeit.

Wenn sich die Persönlichkeit behauptet und nur noch der Materie Aufmerksamkeit schenkt, ergeben sich Verzerrungen in der Lebensqualität und in der Ausdrucksform.

m: Schwerfälligkeit, Minderwertigkeitsgefühle und Melancholie können den Alltag erschweren.
i: Es kann eine starke Ablehnung gegen die eigenen körperlichen Bedürfnisse entstehen, dadurch verletzt man sich selbst.
c: Oft neigt die Persönlichkeit dazu, Altes festzuhalten und sich an Kleinigkeiten zu verbeißen.
h: Aggressionen entstehen, und die Persönlichkeit erhebt sich. Die Illusionen zerplatzen wie Seifenblasen.
a: Der angestaute Ärger und der Frust werden im Rucksack verpackt.
e: Das Ego leidet und beginnt sich wie ein Igel einzurollen.
l: Immer wieder möchte das Ego im Vordergrund stehen, dabei verausgabt es sich schnell, denn es schnürt sich die eigene Lebensenergie ab.
a: Und wieder verschwinden die Dinge, die geklärt werden sollten, im Rucksack. So trägt man die Vergangenheit unbewältigt mit sich herum und wird nicht frei.

Was kann gelernt werden?

M: Lerne die Möglichkeit deiner geistigen und körperlichen Natur besser kennen.
I: Deine Intuition hilft dir dabei.
C: Sei offen für alles Neue, lerne zu vergeben, um lieben zu können.
H: Du trägst in dir den Halt, den du benötigst, um dein Leben zu meistern. Die Balance und die Gerechtigkeit sind dir zueigen. Wende sie auch für dich an. Lerne, durch Liebe zu leben.
A: Arbeite mit deinen Fähigkeiten.
E: Arbeite mit deiner Gabe, in dir Harmonie herzustellen, damit sich dein Körper wohl fühlen kann. Erkenne ihn als dein wichtigstes Ausdrucksmittel.
L: Dein Leben führt dich in die verschiedensten Höhen und Tiefen. Lerne zu unterscheiden.
A: Immer wieder wirst du vom Schicksal herausgefordert, handle mit dem Herzen, und es gelingt.

(M)IC(HA)EL(A)

Der erste Buchstabe *M:* Erkenne deinen Weg der Ewigkeit, denn deine Seele ist aus ihr hervorgegangen.
Die mittleren Buchstaben *H, A:* Lerne im Zentrum deiner wahren Natur zu leben.
Der letzte Buchstabe *A:* Arbeite an deiner Entfaltung, denn so wie sich ein fertiger Schmetterling aus seinem Kokon befreien muß, um sich in die Lüfte erheben zu können, so mußt du dich selber aus deinen eigenen Persönlichkeitsfesseln lösen. Alles, was du dazu benötigst, ruht in dir. Geh ohne Furcht den Schritt ins Leben und laß Vertrauen, Zuversicht und Mut wachsen. Aus der Tiefe deiner Seele und über deine Intuition strömt alles, was du brauchst, in dein Bewußtsein. Es ist alles da, und jeder Augenblick ist kostbar, denn er ist im nächsten bereits Vergangenheit.

Miriam

Es liegt in der Seelennatur als geistiges Gut:

M: Die Gabe, auf altes Erfahrungswissen zurückzuschauen, um Einblick in frühere Lebensabläufe nehmen zu können.
I: Die Gabe der Intuition.
R: Die Gabe der Liebe zum Leben in jeglicher Form.
I: Aus der Intuition zu schöpfen.
A: Mit diesen Gaben arbeiten zu können.
M: Das Wissen der alten Zeit mit dem Jetzt zu verbinden.

Wenn sich die Persönlichkeit behauptet und nur noch der Materie Aufmerksamkeit schenkt, ergeben sich Verzerrungen in der Lebensqualität und in der Ausdrucksform.

m: Trägheit, Schwerfälligkeit und Minderwertigkeitsgefühle können sich einstellen.
i: Dadurch leidet die kleine Persönlichkeit sehr, denn ihr Wesen verlangt Aufmerksamkeit.
r: Die Erwartungen in die Umwelt sind größer, als die Bereitschaft, selbst zu geben.
i: Oft verneint man die eigenen körperlichen Bedürfnisse, lehnt sich gegen sich selbst auf.
a: Das ruft Aggressionen hervor, die unterschwellig brodeln.
m: Man leidet unter diesen Zuständen bis hin zur Resignation. Alles sieht trostlos und unlösbar aus.

Was kann gelernt werden?

M: Erkenne deine wahre Wesensnatur, sie ist frei. Es sind deine eigenen Begrenzungen Gedanken, Gefühle, Vorstellungen, die dich festhalten. Löse dich davon und laß Neues in dir wachsen.
I: Deine Intuition läßt immer mehr aus deiner Seelentiefe aufsteigen, damit du lernen kannst.
R: Deine Fähigkeit zu lieben ist stark genug, auch alles Leben mit einzubeziehen.

I: Nutze deine schöpferischen Fähigkeiten, denn die Inspiration befähigt dich, im kreativen Schaffen.
A: Arbeite damit und laß die Einheit in Geist und Materie zum Ausdruck gelangen.
M: Aus der Weite deines Herzens, deines Bewußtseins wirst du richtig handeln. Vertraue!

(M)I(RI)A(M)

Der erste Buchstabe *M:* Begreife, daß deine Seele aus dem Strom der vollkommenen Liebe hervorgetreten ist.
Die mittleren Buchstaben *R, I:* Die Liebe befähigt dich heute, zu leben. Höre auf die sanften Impulse deiner Seelennatur.
Der letzte Buchstabe *M:* Die alten Geheimnisse steigen wieder in dir auf. Deine individuelle Lebensqualität trägt die Kraft in sich, um sich im Leben der physischen Welt durchsetzen zu können. Wissen bedeutet Verantwortung, Liebe bedeutet Handlung. Entzieh dich nicht der Welt, geh hinein mit erhobenem Bewußtsein.

Monika

Es liegt in der Seelennatur als geistiges Gut:

M: Die Gabe auf altes Erfahrungswissen zurückzuschauen, um Einblick nehmen zu können in frühere Lebensabläufe.
O: Die Fülle schöpferischer Kräfte und Fähigkeiten.
N: Die Gabe, Vergangenes mit Gegenwärtigem zu verbinden.
I: Die Intuition.
K: Aus dem Geist zu schöpfen, um es in die Materie zu tragen.
A: Die Kraft, den Herausforderungen des Lebens gerecht zu werden, hohe Leistungsfähigkeit und Belastbarkeit.

Wenn sich die Persönlichkeit behauptet und nur noch der Materie Aufmerksamkeit schenkt, ergeben sich Verzerrungen in der Lebensqualität und in der Ausdrucksform.

m: Man fühlt sich klein oder unscheinbar. Trägheit und Schwerfälligkeit können sich bemerkbar machen.
o: Durch das eigene Herabsetzen bahnt sich ein inneres Chaos an.
n: Altes wird nicht losgelassen.
i: Man leidet, lehnt sich selbst ab und verletzt sich dadurch.
k: Die Persönlichkeit versucht, sich zu behaupten und wird dabei immer komplizierter.
a: Alles Belastende rutscht in den Rucksack. Das Ganze kann in einen langwierigen Gärungsprozeß übergehen, der sich letztlich wiederum im Körperlichen zum Ausdruck bringt.

Was kann gelernt werden?

M: Lerne zu erkennen, daß deine wahre Natur deine geistige Seite ist, denn sie ist ewig. Der Körper vergeht, der Geist, die Seele bleiben bis zu ihrer Vollendung bestehen.
O: In deinem Seelenpotential ist die gesamte Schöpfung eingewebt. Du kannst aus dieser Quelle schöpfen. Vieles fliegt dir zu.
N: Beginne, die Verbindungen zu suchen, die Gesetze des Geistes zu ergründen.
I: Dann strömt deine Intuition, und alles fließt dir zu, was für deine individuelle Entwicklung notwendig ist. Lerne, auf die sanfte Stimme deines Herzens zu lauschen, vertrau der Kraft, die dich bewegt.
K: Nutze deine Talente, lerne, mit dem Herzen zu handeln, damit sich die Verbindungen von Geist und Materie harmonisch zusammenfügen können.
A: Deine Arbeitskraft ist unerschöpflich, so daß du mit den Forderungen deines Schicksals umgehen kannst. Lerne mit deinen Gaben zu arbeiten, mit der Fülle deiner schöpferischen Fähigkeiten.

(M)O(NI)K(A)

Der erste Buchstabe *M:* Begreife, daß deine wahre Kraft aus deiner Seelennatur kommt.

Die mittleren Buchstaben *N, I:* Erkenne, daß nur durch Verbindlichkeit und Nachsicht, durch Liebe und Achtung der Plan der Seele erfüllt werden kann.
Der letzte Buchstabe *A:* Arbeite mit der Intuition, und sie wird deine Wege lenken. Denn deine Quelle, das Göttliche, ist deine versorgende Kraft. Alles, was dir als Ahnung in das Bewußtsein aufsteigt, dient dazu, dich wieder mit deiner Lebensqualität vertraut zu machen, bis du dir deiner wahren Seelennatur bewußt wirst. Vertraue deiner geistigen Führung, und du wirst sicher dein Ziel und auch deinen Lebensplan erfüllen können. Geh mutig deine Wege durch diese Welt und öffne dich den Lichtkräften, um sie in deine Welt zu tragen.

Natalie

Es liegt in der Seelennatur als geistiges Gut:

N: Die Gabe, Vergangenes mit Gegenwärtigem zu verbinden.
A: Die Fülle geistiger Gaben, hohe Leistungsfähigkeit und Belastbarkeit.
T: Den Sieg über die Körpermaterie.
A: Die Kraft, mit den Gaben arbeiten zu können.
L: Das Leben bewußt zu erfüllen.
I: Die Gabe der Intuition.
E: Einklang von Körper, Geist und Seele zu verwirklichen.

Wenn sich die Persönlichkeit behauptet und nur noch der Materie Aufmerksamkeit schenkt, ergeben sich Verzerrungen in der Lebensqualität und in der Ausdrucksform.

n: Eine gewisse Trägheit kann sich einstellen. Man ist nicht bereit zur Veränderung.
a: Dadurch entstehende Unzufriedenheit wird im Rucksack verstaut.
t: Man leidet. Das Kreuz kann schmerzen.
a: Die Vergangenheit wird oft aufgewärmt, und ein harter Zug von Verbitterung kann entstehen.

l: Die Persönlichkeit will Anerkennung und bläht sich auf wie ein Luftballon, dem schnell die Luft ausgeht.
i: Die eigenen Verneinungen erschweren es, den Alltag zu verändern. Die Materie und der Wunsch, alles haben zu müssen, wird zur Marter.
e: Durch Enttäuschungen verkriecht man sich schnell in sein Schneckenhaus. Unzufriedenheit, Kummer, Zweifel und Verbitterung können sich festsetzen.

Was kann gelernt werden?

N: Aus der Tiefe deines Wesens, deiner Seele steigen in dir vergangene Weisheiten auf, die für deine jetzige Entfaltung notwendig sind. Erkenne, daß in dir das vorhanden ist, was du in der äußeren Welt suchst. Lerne, mit Sanftheit und Feingefühl alle Lebenslagen zu meistern.
A: Arbeite an dir und verfeinere deine Sinne.
T: Nur durch Liebe läßt sich ein wahrer Sieg erringen.
A: Deine hohe Leistungsfähigkeit kann dich schnell zum Ziel bringen, wenn du an dir arbeitest, deine eigenen Schwächen erkennst und korrigierst.
L: Lebe dein Leben mit allem, was du für wichtig hältst, denn nur so kannst du lernen zu unterscheiden. Dein gesunder Menschenverstand und dein Herz signalisieren dir, was für dich treffend ist. Lerne auf beides zu hören!
I: Deine Intuition versucht, dich sanft durch dein Leben zu führen, aber oftmals ist ein kleiner Sturm notwendig, damit du wieder den richtigen Kurs findest.
E: Alle Signale findest du in deinem Körper. Lerne, auf sie zu achten, denn du hast die Gabe, das Gleichgewicht in dir zu verwirklichen.

(N)AT(A)LI(E)

Der erste Buchstabe *N:* Lerne, die Verbindungen herzustellen. Laß die Liebenswürdigkeit deiner Seelennatur wirken.
Der mittlere Buchstabe *A:* Deine Arbeit wird geistigen und physischen Erfolg aufweisen.

Der letzte Buchstabe *E:* Dein Körper ist das Beispiel für deine geistige und physische Übereinstimmung. Das sichtbare Ergebnis dessen, was in dir ist. Lerne, mit deinem Herzen zu denken, dann ist dein Leben erfüllt. Deine Lebensqualität verdeutlicht deinen Lernabschnitt. Arbeite mit der Kraft des Einfühlungsvermögens und verwirkliche es durch dich.

Paula

Es liegt in der Seelennatur als geistiges Gut:

P: Du trägst in dir die Gabe der mentalen Intuition.
A: Die Fähigkeit, das Mentale in das Leben einzubringen; hohe Leistungsfähigkeit.
U: Wie in einem Gefäß ist die Fülle göttlicher Weisheiten in dir.
L: Die Gabe, das Leben bewußt zu erfüllen.
A: Die Kraft, den Herausforderungen des Lebens gerecht zu werden.

Wenn sich die Persönlichkeit behauptet und nur noch der Materie Aufmerksamkeit schenkt, ergeben sich Verzerrungen in der Lebensqualität und in der Ausdrucksform.

p: Man stolpert über die eigenen verursachten Widerwärtigkeiten. Man neigt zur Kleinlichkeit und zur Egozentrik.
a: Oft beginnt man zu leiden, weil sich die Gedanken nicht in die Realität umsetzen lassen. Der Frust darüber wird geschickt im Rucksack verstaut.
u: Man neigt zur Übervorsicht und ist zugleich offen für das, was die Welt über die offiziellen Medien freisetzt. Dadurch ist man wiederum schneller für destruktive Verhaltensformen anfällig.
l: Das Ego drängt nach Anerkennung, setzt sich gern in den Vordergrund, bläht sich auf, und es gibt des öfteren viel Lärm um nichts.

a: Durch die schnellere Verausgabung der Lebensenergie, ist eine tiefe Unzufriedenheit spürbar. Man wird empfindlich.

Was kann gelernt werden?

P: Dein mentales Potential ist gewaltig. Lerne, es über deine intuitive Veranlagung in dein Leben einzubringen.
A: Arbeite mehr mit deinem Einfühlungsvermögen und mit Liebe.
U: Du kannst mit dem tiefen Wissen, das in deinem Seelenpotential verankert ist, dein Leben lenken. Deine Offenheit sollte sich noch mehr dem geistigen, dem Lichterfüllten und den schönen Dingen öffnen.
L: Du kannst ein bewußtes Leben führen. Die Anlage ruht in dir, nutze sie. Lerne, dein Leben in beide Hände zu nehmen, und sei der Lenker deiner Lebenssubstanz.
A: Du wirst den Herausforderungen gerecht werden können, wenn deine Liebe zum Leben, zur Natur und zum Universum umfassender wird.

(P)A(U)L(A)

Der erste Buchstabe *P:* Lerne, dein Wissen aus deiner mentalen Erkenntnis über deine Intuition und Liebe umzusetzen in dein Leben.
Der mittlere Buchstabe *U:* Die Fülle geistigen Wissens ist in dir verborgen, wie ein Schatz ruht es in der Tiefe deines Bewußtseins. Du kannst diesen kostbaren Teil deines Wesens nur mit Liebe hervorholen.
Der letzte Buchstabe *A:* Dein Leben stellt Forderungen an dich, die du nur lösen kannst, wenn du bereit bist, dich auch dem geistigen Teil deines Wesens zu öffnen. Du gibst nichts auf dabei, du gewinnst nur. Sei offen für die Fülle der geistigen Gaben, und dein Leben kann sich erfüllen. Nur Mut und Vertrauen, du schaffst es.

Petra

Es liegt in der Seelennatur als geistiges Gut:

P: Du trägst die Gabe der mentalen Intuition in dir.
E: Die Gabe, Körper, Geist und Seele in Einklang zu bringen.
T: Die Kraft des Sieges über die Materie des Körpers.
R: Die Liebe zu allem Leben.
A: Die Fähigkeit, alle Gaben im Leben um- und einzusetzen.
Wenn sich die Persönlichkeit behauptet und nur noch der Materie Aufmerksamkeit schenkt, ergeben sich Verzerrungen in der Lebensqualität und in der Ausdrucksform.
p: Man stolpert über die selbst verursachten Widerwärtigkeiten.
e: Überempfindlichkeit kann dazu führen, daß man sich einigelt.
t: Unter diesem Zustand leidet der Körper, denn er verlangt seine Rechte.
r: Die Erwartungen in Partner und Umwelt sind oftmals sehr groß, die Bereitschaft zu geben dagegen wesentlich kleiner.
a: Auch unter diesem Zustand leidet man und wird immer empfindlicher und reizbarer. Innere Unruhe kann den Tag und Schlaflosigkeit die Nacht erschweren.

Was kann gelernt werden?

P: Dein mentales Potential ist sehr groß. Lerne, es über deine intuitive Veranlagung in dein Leben zu tragen.
E: Dein Körper ist dein momentan wichtigstes Ausdrucksmittel, lerne, seine Bedürfnisse zu erfüllen, und beginne mit Gefühl und Liebe eine ausgeglichene Natur zu entwickeln.
T: Dein Leben kann mit Siegen erfüllt sein, wenn du lernst, mit Einfühlungsvermögen zu arbeiten.
R: Liebe gehört zum Leben. Lieben, um geliebt zu werden,

ist nur ein Teil. Lieben, weil die Welt Frieden benötigt und sich seiner Evolution gemäß entwickeln muß, ist der andere Teil.

A: Du trägst all diese Gaben in dir. Nutze sie, arbeite mit deinen Fähigkeiten.

(P)E(T)R(A)

Der erste Buchstabe *P:* Lerne, die Informationen deiner Intuition in deinem Alltag einzubringen. Nur mit Liebe kannst du die Kraft deiner Gedanken umsetzen und zum Erfolg gelangen.
Der mittlere Buchstabe *T:* Nur mit Liebe kann ein wahrer Sieg erzielt werden.
Der letzte Buchstabe *A:* Es ist eine harte Arbeit, die du an dir vollbringen mußt. Aber du hast die dazu nötige Ausstattung mitbekommen. Deine Fähigkeiten sind mit großen Idealen versehen, lebe diese Ideale. Werde zu diesem idealen Zustand. Denn, was du außen suchst, liegt in dir. Arbeite mit der Kraft deiner göttlichen Natur, und du wirst das ideale Menschsein entdecken. Jeder Schritt, jede neue Bewußtwerdung ist eine neue Erkenntnis, die dich deinem Ziel näherbringt.

Renate

Es liegt in der Seelennatur als geistiges Gut:

R: Die Gabe der Liebe.
E: Körper, Geist und Seele in Einklang zu bringen.
N: Vergangenes mit Gegenwärtigem zu verbinden.
A: Die Arbeitskraft, hohe Belastungsfähigkeit.
T: Die Kraft zum Sieg über die Materie und den Körper.
E: Übereinstimmung der Gedanken, Gefühle und Handlungen.

Wenn sich die Persönlichkeit behauptet und nur noch der Ma-

terie Aufmerksamkeit schenkt, ergeben sich Verzerrungen in der Lebensqualität und in der Ausdrucksform.
r: Es fehlt oft an der lebensnotwendigen Großzügigkeit. Dadurch entwickelt sich Kritik, und die Erwartung in die anderen, ist größer als die Bereitschaft zum Geben.
e: Durch Enttäuschung und Angst vor neuen »Katastrophen« verzieht man sich ins Schneckenhaus, wird unzufrieden und leicht gereizt.
n: Alte Verhaltensformen und Muster werden festgehalten.
a: Die Unzufriedenheit läßt immer mehr Kritiksucht entstehen, und man wird von der Umwelt dann als der ewige »Nörgler« bezeichnet. Man entwickelt aus Selbstverteidigung eine leicht zynische Art. All das Unglück wird im Rucksack verstaut. Wenn er einmal platzt, dann beginnt das Spiel von neuem, bis man daraus gelernt hat.
t: Der Zustand geht bis ins Unerträgliche. Der Körper leidet und zeichnet seine Schmerzen oft im Wirbel- und Gelenkbereich ab. Der Irrtum, das Leid tragen zu müssen, verstärkt den Schmerz.
e: Wie ein Igel mit kleinen spitzen Stacheln versucht sich die Persönlichkeit aus dem Druckverhältnis zu lösen, doch rutscht sie allzu gerne in das gewohnte Fahrwasser zurück. Es ist viel leichter, den anderen zu sagen, daß sie sich ändern müssen, als diesen Schritt selbst zu tun.

Was kann gelernt werden?

R: Lerne, dir selbst und deiner Umwelt mit Liebe zu begegnen und zu vergeben.
E: Dein Körper verlangt ebenso viel Achtung wie dein Partner.
N: Nur durch verbindliches Verhalten kannst du innere Zufriedenheit und Glück erfahren.
A: Die Kraft, dein Leben zu erfüllen, trägst du in dir. Mit Arbeit, Liebe, Einfühlungsvermögen und Toleranz kannst du Erfüllung finden.
T: Die Fähigkeit zum Sieg über dein Körperelement ruht in dir. Nur die Liebe siegt!

E: Du kannst lernen, deine Gefühle zu lenken, deine Gedanken zu formen, deine Vorstellungskraft zu schulen und deine Handlungen zu harmonisieren.

(R)E(NA)T(E)

Der erste Buchstabe *R:* Die Fähigkeit der Liebe ruht in der Tiefe deines Wesens.
Die mittleren Buchstaben *N, A:* Lerne, den Umgang mit deiner schöpferischen Fähigkeit. Es ist eine beständige Arbeit an dir! Korrigiere dich!
Der letzte Buchstabe *E:* Dein Körper ist dein kostbarstes Ausdrucksmittel. Begreife seine Wichtigkeit und pflege ihn entsprechend. Die Kraft, es zu tun, liegt in dir. Du hast die höchste Tugend der Liebe in deiner Lebensqualität, folge dem Ruf deiner Seele, und du wirst deine Erfüllung finden!

Rosemarie

Es liegt in der Seelennatur als geistiges Gut:

R: Die Gabe der Liebe zum Leben.
O: Die schöpferische Fülle
S: Stabilität im geistigen und physischen Bereich.
E: Die Kraft, Körper, Geist und Seele in Übereinstimmung zu bringen.
M: Auf altes notwendiges Erfahrungswissen zurückgreifen zu können.
A: Die Arbeitskraft und Fähigkeit, mit den Gaben gerecht umgehen zu können.
R: Liebe.
I: Intuition.
E: Harmonie in Gedanken, Gefühlen und Handlungen.
Wenn sich die Persönlichkeit behauptet und nur noch der

Materie Aufmerksamkeit schenkt, ergeben sich Verzerrungen in der Lebensqualität und in der Ausdrucksform.

r: Man fühlt sich sehr zur Perfektion hingezogen, kann sie jedoch noch nicht verwirklichen. Ungerechtigkeit und Rechthaberei können sich steigern.

o: Unruhe und Unordnung verursachen ein kleines Chaos.

s: Was sich im Inneren vollzieht, offenbart sich auch nach außen. Man fühlt sich von der Umwelt verletzt und wehrt sich durch harte Worte.

e: Schwerfälligkeit und Unlust können sich einstellen.

m: Trägheit können das Körperbefinden beeinträchtigen.

a: Es ist, als würde man alles in sich hineinessen, aber es liegt unverdaut im Magen. Dort gärt es. Auch der Frust tut sein Übriges.

r: Unausgeglichenheit läßt wiederum reizbare Zustände entstehen. Die Bereitschaft, selber eine Veränderung herbeizuführen, kann kaum aufgebracht werden.

i: Das alles zusammen wirkt wie eine gestaute Lebensenergie in allen nur erdenklichen Körperzonen. Magenschmerzen, Kopfweh und Gelenkschmerzen können die Folge sein.

e: Die Persönlichkeit fühlt sich klein, erniedrigt und untauglich, man isoliert sich und wartet auf Veränderung!

Was kann gelernt werden?

R: Lerne, mit der Liebe zu leben. Begegne dir und dem Leben mit Achtung und Liebe.

O: Eine Fülle schöpferischer Fähigkeiten sind in dir, doch nur mit Liebe läßt sich deine Lebensenergie lenken.

S: Durch deinen Körper drückt sich jeder Gefühlszustand aus. Sei es Haß oder Liebe. Durch deine Fähigkeit zu denken, zu fühlen und zu handeln, bist du dein Schöpfungsdirigent. Gesundheit und Harmonie lassen sich nur durch aufbauende Kräfte verwirklichen. Deine Anlage ist Stabilität! Lebe sie!

E: Die innere Kraft kann dir helfen, deinen Körper ins Gleichgewicht zu bringen. Übe so lange, bis du dich wirk-

lich wohlfühlst, denn dein Körperbewußtsein ist für dich wichtig.
M: Erst durch die innere Ausrichtung des Geistes bekommst du Zugang zu deiner Vergangenheit und dem dazugehörigen Wissen. Solange du dich von der Trägheit deiner Masse, der Materie, lenken läßt, bleibst du ein Spielball deiner Gefühle.
A: Arbeite mit deinen Gaben, und es wird dir vieles gelingen.
R: Die Fähigkeit zu lieben ist das Wichtigste in deinem Leben. Lerne, mit der Liebe zu wachsen.
I: Deine Intuition läßt aus der Tiefe deiner Seele alle notwendigen Informationen aufsteigen, die für deine Lebenssituationen wichtig sind. Lerne, auf die Stimme deines Herzens zu lauschen.
E: Es geht nur um dich, um dein Leben, um deinen Körper und um deine Entwicklung.

(R)OSE(M)ARI(E)

Der erste Buchstabe *R:* Spüre die Kraft der Liebe, die dich erschaffen hat.
Der mittlere Buchstabe *M:* Du kannst rückblickend aus deiner Erkenntnis schöpfen.
Der letzte Buchstabe *E:* Lerne, in deinem Körperbewußtsein Geist und Seele bewußt wahrzunehmen. Es liegt allein an dir, wann dein inneres Ohr sich der zarten, sanften Stimme deiner Seelennatur öffnet. Die Zeit ist im Vergleich zur Ewigkeit wie ein Hauch. Deshalb nutze deine Möglichkeiten, durch die Kraft der Liebe zum Leben in jeglicher Form Segen zu bringen. Du wirst dein Ziel schneller erreichen als du denkst.

Sabine

Es liegt in der Seelennatur als geistiges Gut:

S: Lebenskraft, Stabilität.
A: Hohe Leistungsfähigkeit und Belastbarkeit.
B: Ausgewogenheit zwischen oben und unten, Himmel und Erde.
I: Die Gabe der Intuition.
N: Verbindlichkeit, Vergangenes mit Gegenwärtigem zu verbinden.
E: Die Gabe, Verstand, Gefühl und Handlung in Übereinstimmung zu bringen.

Wenn sich die Persönlichkeit behauptet und nur noch der Materie Aufmerksamkeit schenkt, ergeben sich Verzerrungen in der Lebensqualität und in der Ausdrucksform.

s: Worte und Handlungen können verletzend auf die Umwelt wirken.
a: Darunter beginnt man zu leiden. Vieles wird im Rucksack verstaut.
b: Die Persönlichkeit beginnt zu fordern. Bindungen werden festgehalten.
i: Es können durch die Ablehnung sich selbst gegenüber Stauungen im Körper entstehen, die sich im Lendenwirbelbereich, in Hüfte und Gelenken widerspiegeln können.
n: Alte Prägungen und Gedankenstrukturen werden festgehalten. Es entsteht eine ablehnende Haltung gegenüber allem Neuen. Leichte Aggressionen und Unzufriedenheit erschweren den Alltag.
e: Man wird träge, schiebt die Veränderung vor sich her und läßt nichts an sich heran. Über gutgemeinte Ratschläge kann die Persönlichkeit sich nicht freuen, sie grollt und hat von sich eine festgefahrene »gute« Meinung.

Was kann gelernt werden?

S: Nutze die Gabe deiner Seelennatur, deine Vitalität erfüllt nicht nur dein geistiges Naturell, es drückt sich in deinem Körper aus, und er ist wichtig für dich.
A: Arbeite mit deiner Lebensqualität, du hast die Gabe der Ausdauer, die für deine körperlichen sowie geistigen Tätigkeiten notwendig sind.
B: In der Ausgewogenheit kannst du dein Ziel erreichen. Verbinde dein Wissen mit der Handlung. Sanft und einfühlend.
I: Aus der Tiefe deiner Seelennatur steigen für dich wichtige Impulse in dein Tagesbewußtsein empor. Öffne dich deiner eigenen Stärke.
N: Verbinde deine Erfahrungen mit deiner Gegenwart, damit du es im Heute besser handhaben kannst. Es ist deine Lebenssituation.
E: Erkenne, daß dein Körperbewußtsein für dein Leben eine wichtige Rolle spielt. Durch den Körper kannst du dich in jeder Weise ausdrücken. Stell in dir die Harmonie und den Frieden her, den du dir in der äußeren Welt wünschst.

(S)A(BI)N(E)

Der erste Buchstabe *S:* Der Ausdruck deiner Lebenskraft ist dein Körper.
Die mittleren Buchstaben *B, I:* Entwickle Feingefühl und Einfühlungsvermögen.
Der letzte Buchstabe *E:* Verbinde Intuition mit deinen geistigen, inneren Erfahrungen und Erkenntnissen, damit sie in deinem Körper zum Ausdruck gelangen können. Deine Lebensqualität ist stark und verlangt nach Ausdruck. Lebe dein Leben und erkenne es als Geschenk. Körper, Geist und Seele sind eine Einheit.

Sabrina

Es liegt in der Seelennatur als geistiges Gut:

S: Vitalität, Stabilität, Ausdruck der Lebenskraft.
A: Hohe Leistungsfähigkeit und Belastbarkeit, geistige Fülle.
B: Ausgewogenheit zwischen Geist und Materie, Oben und Unten, Himmel und Erde.
R: Die Gabe der Liebe zum Leben.
I: Intuition.
N: Verbindungen der Vergangenheit mit der Gegenwart.
A: Die Kraft, den Lebensanforderungen gerecht zu werden.

Wenn sich die Persönlichkeit behauptet und nur noch der Materie Aufmerksamkeit schenkt, ergeben sich Verzerrungen in der Lebensqualität und in der Ausdrucksform.

s: Worte und Handlungen können verletzend auf die Umwelt wirken, auch sich selbst gegenüber.
a: Darunter leidet man. Der Rucksack füllt sich.
b: Man fordert und hält Altes fest. Bindungen, Freundschaften usw.
r: Die Erwartungen an den Partner, die Umwelt sind größer als die Bereitschaft, selber zu geben. Der Wunsch und die Sehnsucht nach Zärtlichkeit und Liebe wachsen.
i: Diese werden nicht erfüllt, Enttäuschungen und Schmerzen erfüllen Herz und Körper.
n: Eine ablehnende Haltung gegenüber dem eigenen Körper erschwert die Lebenssituation. Alte Verhaltensmuster werden festgehalten.
a: Der ganze Frust wird in den Rucksack gesteckt, es arbeitet und gärt. Unzufriedenheit und Weltschmerz bedrücken die Persönlichkeit.

Was kann gelernt werden?

S: Erkenne deine Stärke. Deine Lebensenergie kann sich nur durch deinen Körper zum Ausdruck bringen.
A: Nutze deine Anlage, arbeite mit der Fülle deiner geistigen Natur, deiner Vitalität.
B: Lerne, mit Feingefühl und Einfühlungsvermögen deinen Verstand mit dem Herzen zu verbinden. Entwickle das Gleichgewicht, Oben wie Unten, Geist und Materie.
R: Nur mit Liebe kannst du deine Energie lenken. Nur mit Liebe kannst du dein Ziel erreichen!
I: Deine Intuition hilft dir dabei, denn das Wissen steigt aus der Tiefe deiner Seelennatur empor. Lerne, auf die Stimme deines Herzens zu hören.
N: Verbinde das Erfahrungswissen der Vergangenheit mit deiner Gegenwart.
A: Du hast die Kraft, deine Leistungsfähigkeit ist gewaltig.

(S)AB(R)IN(A)

Der erste Buchstabe *S*. Deine Lebensqualität drängt danach, sich durch deinen Körper zum Ausdruck zu bringen.
Der mittlere Buchstabe *R*. Die Kraft deiner Liebe befähigt dich, deine Energie zu lenken.
Der letzte Buchstabe *A*. Arbeite mit der Fülle deiner Anlagen und nutze sie.
Dein Lebensplan kann sich erfüllen, wenn deine Liebe zum Leben wächst. Deine Lebensenergie ist Liebe. Aus ihr bist du hervorgegangen, und in sie wirst du wieder eintreten.

Silvia

Es liegt in der Seelennatur als geistiges Gut:

S: Stabilität, Vitalität, Ausdruck der Lebenskraft.
I: Intuition.
L: Das Leben bewußt zu erfüllen.
V: Die Gabe zu siegen aus der Fülle des Geistes.
I: Intuition.
A: Hohe Leistungsfähigkeit und Belastbarkeit.

Wenn sich die Persönlichkeit behauptet und nur noch der Materie Aufmerksamkeit schenkt, ergeben sich Verzerrungen in der Lebensqualität und in der Ausdrucksform.

s: Worte und Handlungen können verletzend auf die Umwelt wirken.
i: Dadurch gibt man sich selber einen Touch, der die Beweglichkeit etwas beschränkt.
l: Die Persönlichkeit sehnt sich nach Anerkennung und setzt sich dementsprechend in den Mittelpunkt. Sie bläht sich auf wie ein Luftballon, dem schnell die Luft entweicht.
v: Die Bereitschaft, mit der angebotenen Fülle umgehen zu können, ist gering. Das Selbstvertrauen ist in Frage gestellt.
i: Man fühlt sich unfähig.
a: Unlust, Traurigkeit und extreme Gefühlsschwankungen können den Alltag erschweren.

Was kann gelernt werden?

S: Erkenne deine Stärke, in dir ruht all das, was du suchst. In dir sind beide Polaritäten, Yin und Yang. Entdecke sie.
I: Lerne, aus der Intuition zu schöpfen, um dein Leben gestalten zu können.
L: Lebe dein Leben und begreife, daß du dafür verantwortlich bist.
V: Die Fähigkeit, aus dem Geistigen zu schöpfen, läßt dich zu

einem Sieger werden, wenn du die innewohnende Kraft nutzt.
I: Geistige Zusammenhänge können sich so aus der Tiefe deiner Seelennatur für dich offenbaren. Tiefe und Höhe sind dabei nur Begriffe, in denen das Ursprüngliche ruht.
A: Arbeite mit den Gaben und liebe, lebe und erfülle dein Leben.

(S)I(LV)I(A)

Der erste Buchstabe *S:* Deine Lebensenergie bringt sich durch deinen Körper zum Ausdruck.
Die mittleren Buchstaben *L, V:* Lebe dein Leben, nimm es selbstbewußt in beide Hände und benutze deine Fähigkeit, aus deiner geistigen versorgenden Quelle zu schöpfen.
Der letzte Buchstabe *A:* Arbeite und lebe, liebe und erfülle dein Leben mit aufbauenden und schönen Dingen, die dich und dein Herz erfreuen. Auch der Duft einer Rose kann erfüllend sein, ebenso wie die Liebe oder das Licht der Sonne. In deiner Seelennatur liegt das, was deiner Sehnsucht entspricht. Was du in dir trägst, liegt auch in deinem Gegenüber. Geh deinem Ziel sicher und bewußt entgegen, du schaffst es und erreichst es. Nur Mut.

Susanne

Es liegt in der Seelennatur als geistiges Gut:

S: Stabilität, Vitalität, Ausdruck der Lebenskraft.
U: Eine Fülle geistiger Erfahrung und Wissen ruht in dir.
S: Lebensqualität.
A: Die Kraft, all das einzusetzen.
N: Verbindungen zwischen Vergangenem und Gegenwärtigem herzustellen.
N: Verbindlichkeit.

E: Harmonie und Gleichklang von Körper, Geist und Seele. Wenn sich die Persönlichkeit behauptet und nur noch der Materie Aufmerksamkeit schenkt, ergeben sich Verzerrungen in der Lebensqualität und in der Ausdrucksform.
s: Worte und Handlungen können verletzend auf die Umwelt wirken.
u: Dadurch macht man sich selbst das Leben schwer, eine Herabsetzung der eigenen Lebensenergie. Man kann dadurch empfänglicher für alles Negative, Krankmachende sein.
s: Der Irrtum, sich verteidigen zu müssen, sich für alles, was man tut, zu rechtfertigen, kann sehr belastend werden.
a: Alle Enttäuschungen werden im Rucksack verstaut.
n: Der eigene Körper und Lernprozesse werden abgelehnt.
n: Das erschwert den eigenen Fortschritt.
e: Man fühlt sich klein und unscheinbar, ungeliebt und überflüssig. Man versucht, sich oft den Verpflichtungen zu entziehen und igelt sich ein.

Was kann gelernt werden?

S: Erkenne deine Stärke, in dir ruht alles, was du suchst.
U: Du bist wie ein Gefäß, gefüllt mit geistigen Gaben, Erkenntnissen. Öffne dich mehr den geistigen Informationen und wäge ab, was du für dich nutzen kannst.
S: Deine Lebensqualität erfüllt dich geistig und körperlich mit Spannkraft und Beweglichkeit. Nutze deine Anlage, Lebensenergie fließt auch durch den Atem!
A: Deine Schaffenskraft erfordert volle Aufmerksamkeit.
N: Dein Geist läßt Vergangenes wieder in dir aufsteigen. Deine intuitive Veranlagung stärkt dich.
N: Mit Liebe, Ausdauer und Geduld gelingt dir deine Arbeit.
E: Dein Körper ist wie dein Instrument. Lerne, Gleichklang zu erzeugen in Gedanken, Gefühlen und Handlungen. Lebe dein Leben mit Schwung und Tatkraft.

(S)US(A)NN(E)

Der erste Buchstabe *S:* Deine Lebensqualität und Energie kommen durch deinen Körper zum Ausdruck.
Der mittlere Buchstabe *A:* Deine Arbeit an dir selbst bringt dich ans Ziel.
Der letzte Buchstabe *E:* Lerne, in Harmonie dein Leben zu gestalten. Gleichgewicht und Liebe sollten dein Handeln begleiten. Verbinde deine Gedanken, Gefühle und Handlungen zu einer gleichmäßig wirkenden Kraftwelle, sie wird das Ziel erreichen. Erkenne die Einheit mit deiner geistigen Natur sowie deine Verbundenheit mit dem Leben. Himmel und Erde sind deine Heimat, verbinde beide miteinander, und du findest durch Liebe den Himmel auf Erden.

Tina

Es liegt in der Seelennatur als geistiges Gut:

T: In dir liegt die Gabe des Sieges über den Körper.
I: Intuition.
N: Die Verbindung zwischen den Erfahrungen der Vergangenheit mit der Gegenwart.
A: Die Kraft, mit diesen Gaben umgehen zu können; hohe Leistungsfähigkeit.

Wenn sich die Persönlichkeit behauptet und nur noch der Materie Aufmerksamkeit schenkt, ergeben sich Verzerrungen in der Lebensqualität und in der Ausdrucksform.

t: Man bewegt sich oft wie ein Traumtänzer durchs Leben, bis durch Enttäuschung der Leidzustand entsteht, der sich schmerzlich im Wirbelsäulenbereich manifestieren kann.
i: Die Ablehnung sich selbst gegenüber läßt diesen Schmerz wachsen.
n: Die alten Muster halten fest, der Aggressionszustand läßt

den Alltag zu einem Alptraum werden. Unlust breitet sich aus.
a: Der kleine Rucksack füllt sich sehr schnell, und der so entstehende Druck lastet auf Körper und Gemüt.

Was kann gelernt werden?

T: Lerne, die Energie durch deinen Körper zu lenken. Werde Herr über deine Gedanken, Gefühle und Handlungen. Nur durch Liebe ist dies möglich.
I: Deine Intuition möchte dich zum Sieg über dein Körperelement führen.
N: Durch Einfühlungsvermögen und Liebe kannst du Einblicke erleben, die dir vergangenes Wissen wieder zuteil werden lassen, um deine Gegenwart zu bereichern.
A: Arbeite mit der Fülle deiner geistigen Qualitäten und Anlagen.

(T)(IN)(A)

Der erste Buchstabe *T:* Lerne, mit deiner intuitiven Veranlagung deinen Lebensbereich zu regieren. Steh über den Dingen, mit Weisheit und Liebe.
Die mittleren Buchstaben *I, N:* Intuition und Verbindlichkeit lassen die Weisheit in dir wachsen.
Der letzte Buchstabe *A:* Durch Arbeit, die dein Leben erfüllt, gelingt es dir, deiner Lebensqualität gerecht zu werden. Laß dich nicht zu sehr durch Worte oder Äußerlichkeiten beeindrucken. Der wahre Wert ist ungeschminkt und strahlend aus seiner Mitte heraus. Arbeite mit der Erkenntnis aus deiner Vergangenheit, sie bringt dich Schritt um Schritt deinem Ziel näher.

Ulrike

Es liegt in der Seelennatur als geistiges Gut:

U: Die Fülle geistigen Wissens ruht in dir.
L: Die Gabe, das Leben bewußt zu erfüllen.
R: Liebe zum Leben.
I: Intuition.
K: Die Gabe, aus dem Geiste zu schöpfen um es in die Materie zu tragen.
E: Die Verbindung von Körper, Geist und Seele herzustellen.

Wenn sich die Persönlichkeit behauptet und nur noch der Materie Aufmerksamkeit schenkt, ergeben sich Verzerrungen in der Lebensqualität und in der Ausdrucksform.

u: Die Persönlichkeit fühlt sich erniedrigt, und dadurch wird sie anfälliger für Destruktives.
l: Das Ego versucht sich dennoch, immer in den Mittelpunkt zu stellen, um beachtet zu werden.
r: Die Forderung an Partner und Umwelt ist größer als die eigene Bereitschaft zum Geben. Der Wunsch und die Sehnsucht nach Erfüllung, Zärtlichkeit und Liebe nehmen zu.
i: Oft verzeiht man sich diese Wunschgedanken nicht, lehnt sich dadurch immer mehr ab und leidet.
k: Ein kompliziertes Denken und Handeln können den Alltag erschweren.
e: Man versucht, sich mehr und mehr abzugrenzen, zu isolieren, einzuigeln.

Was kann gelernt werden?

U: Begreife und erkenne, daß du wie ein Gefäß bist, in dem sich bereits vieles angesammelt hat. Sei offen für geistige Erneuerung, die sich letztlich auch in deinem Körperbewußtsein zum Ausdruck bringt.
L: Es ist dein Leben. Du mußt lernen, die Verantwortung zu übernehmen.

R: Lerne, deinem Leben mit Liebe zu begegnen. Sie heilt alte Wunden und stärkt.
I: Nutze die Gabe deiner Intuition. Sie trägt das Wissen aus der Tiefe oder aus der Höhe deiner Seelennatur in dein Bewußtsein.
K: Nutze die Fähigkeiten deiner geistigen Natur und verbinde über dein Gefühl Geist und Materie.
E: Dein Körper arbeitet wie ein Barometer. Stell die Harmonie in dir her.

(U)L(RI)K(E)

Der erste Buchstabe *U:* Erkenne dich selbst wie ein Gefäß. Alles ist in dir enthalten.
Die mittleren Buchstaben *R, I:* Liebe und Intuition sind deine großen Stärken.
Der letzte Buchstabe *E:* Dein Körper ist unendlich wichtig, denn durch ihn kannst du dich dem Leben mitteilen. Bringe in dir den Frieden zustande, der dein Leben erfüllen soll. Dein Körper ist wie ein Gefäß, durch den sich das Schöne ebenso ausdrückt wie das weniger Schöne. Öffne dich noch mehr den Schönheiten des Lebens, der Natur und dem Sonnenlicht, damit auch in dir das Licht der Sonne erwärmend wirken kann. Dein Ziel ist nahe, lerne, es mit Ausdauer und Geduld zu verfolgen. Du bist stark genug.

Ute

Es liegt in der Seelennatur als geistiges Gut:

U: Die Fülle geistigen Wissens ruht in dir.
T: Die Gabe des Sieges über deinen Körper.
E: Die Gabe, Verstand, Gefühl und Handlung in Übereinstimmung zu bringen.
Wenn sich die Persönlichkeit behauptet und nur noch der Ma-

terie Aufmerksamkeit schenkt, ergeben sich Verzerrungen in der Lebensqualität und in der Ausdrucksform.

u: Die kleine Persönlichkeit fühlt sich erniedrigt.
t: Sie leidet darunter, nicht erkannt zu werden.
e: Das Ego verschließt sich der Umwelt und igelt sich ein.

Was kann gelernt werden?

U: Du bist wie ein Gefäß, in dem eine Fülle geistiger Gaben vorhanden sind. Schöpfe aus deiner Quelle und erfülle dein Leben damit.
T: Nutze die Kraft deiner intuitiven Veranlagung und lerne, dich über die Dinge des Alltags zu erheben. Nicht mit Überheblichkeit zu verwechseln! Lerne deine Gefühle zu lenken und deinen Lebensraum zu erfüllen.
E: Beherrsche deinen Körper und regiere wie ein liebevoller König in seinem Reich.

(U)(T)(E)

Der erste Buchstabe *U:* Du bist das Gefäß, fülle es nur mit erbaulichen und schöner Gedanken, Gefühlen und Vorstellungsbildern.
Der mittlere Buchstabe *T:* Erhebe dich durch die Kraft deiner Intuition über die Schwere deiner Körpermaterie.
Der letzte Buchstabe *E:* Benutze diesen Körper wie ein kostbares Geschenk, er ist einmalig. Deine geistige Natur gehört zu dir. Ohne sie kann die Materie nicht bestehen. Erkenne die Einheit und erkenne dich in dieser Einheit. Verwirkliche dich mit der Tugend deiner Seelennatur und siege mit Liebe über deine Materie. Lenke sie weise, dann fügt sie sich.

Veronika

Es liegt in der Seelennatur als geistiges Gut:

V: Die Gabe, durch die Kraft des Geistes zu siegen.
E: Einklang in Körper, Geist und Seele.
R: Liebe zum Leben.
O: Aus der schöpferischen Fülle zu leben.
N: Die Verbindungen zwischen der Vergangenheit und der Gegenwart.
I: Intuition.
K: Die Gabe, aus dem Geistigen zu schöpfen, um die Materie zu lenken.
A: Die Kraft, den Herausforderungen des Lebens gerecht zu werden.

Wenn sich die Persönlichkeit behauptet und nur noch der Materie Aufmerksamkeit schenkt, ergeben sich Verzerrungen in der Lebensqualität und in der Ausdrucksform.

v: Die Bereitschaft, mit der vorhandenen Fülle umzugehen, ist gering. Das Selbstvertrauen ist in Frage gestellt.
e: Das Ego leidet darunter und versucht sich vor dem Leben zu verstecken.
r: Der Wunsch nach Zärtlichkeit, Liebe und Beachtung ist groß, die Erwartungen in Partner und Umwelt sind größer als die Bereitschaft zu geben. Viele kleine Träume erfüllen den Alltag.
o: Enttäuschungen lassen eine innere Desorientierung entstehen.
n: Das Festhalten alter Prägungen hindert an einer Neuorientierung.
i: Vieles, was zur eigenen Entfaltung gehört, wird abgelehnt.
k: Das Ego versucht, sich zu behaupten, ein kompliziertes Denken und Handeln kann den Alltag erschweren.
a: Unverdautes, Unausgesprochenes wird im Rucksack verstaut, der irgendwann zu schwer wird. Er belastet nicht nur die Psyche sondern auch den Körper.

Was kann gelernt werden?

V: Lerne, mit deiner geistigen Natur dein Leben zu formen.
E: Auch dein Körper folgt dem Ruf deiner Seele.
R: Mit Liebe erreichst du dein Lebensziel. Liebe zum Leben ist ein großer Schritt, dieser beginnt mit der Liebe zu dir selbst.
O: Aus der Fülle deiner schöpferischen Gegenwart kannst du durch Liebe und Intuition alles hervorholen, was du benötigst, um dein Leben zu bewältigen.
N: Altes Erfahrungswissen aus früheren Inkarnationen kommt dir wieder zugute. Nutze es.
I: Deine Intuition, aus der Quelle deiner göttlichen Natur, fließt für dich. Durch deine Fähigkeit zu lieben, öffnet sich dein Intuitionskanal mehr und mehr.
K: Durch Liebe ist es dir möglich, verbindend zu arbeiten, deine geistigen Erkenntnisse zum Segen in deinem Leben einsetzen zu können. Nutze die Chance und den Augenblick.
A: Arbeite mit dem geistigen Potential deiner Anlage.

(V)ER(ON)IK(A)

Der erste Buchstabe *V:* Aus der Fülle der schöpferischen Kräfte zu siegen.
Die mittleren Buchstaben *O, N:* Diese schöpferischen Kräfte zur kreativen Tätigkeit umsetzen.
Der letzte Buchstabe *A:* Arbeit erfüllt das ganze Leben. Das geistige Potential ist deine Lebensqualität. Sie ist deine starke Veranlagung. Setze das, was du in deiner inneren Vision wahrnimmst und als richtig erkennst, in deinen Alltag um. Erfülle dein Leben mit Schönheiten der Natur wie Blumen und Düfte. Laß auch die Farben in dein Leben eintreten, sie sind für dich eine Stimulierungsbrücke, über die du neuen Zugang zu deiner wahren Wesensnatur bekommen kannst. Schau nicht auf die finsteren Wolken, die die Sonne verdecken, denn sie sind vergänglich, schau auf die Sonne, sie gehört zur »Ewigkeit«.

Waltraud

Es liegt in der Seelennatur als geistiges Gut:

W: Die Gabe der Sanftheit, des Einfühlungsvermögens, die Ausgewogenheit von Geist und Materie.
A: Die Fähigkeit mit dieser Gabe zu arbeiten.
L: Das Leben bewußt zu erfüllen.
T: Die Kraft zu siegen über den Körper.
R: Die Gabe der Liebe.
A: Hohe Leistungsfähigkeit.
U: Die Fülle geistigen Wissens ruht in dir.
D: Mit der Fülle des Geistes das Leben zu meistern.

Wenn sich die Persönlichkeit behauptet und nur noch der Materie Aufmerksamkeit schenkt, ergeben sich Verzerrungen in der Lebensqualität und in der Ausdrucksform.

w: Zu wenig Tatkraft und Unternehmungsgeist.
a: Die Labilität und das Unvermögen, Entscheidungen zu treffen, machen das Ego traurig. Der Kummer wird im Rucksack verstaut.
l: Das Ego versucht, sich dennoch in den Mittelpunkt zu setzen, bläht sich auf wie ein Luftballon und ist ebenso schnell erschöpft.
t: Durch den hervorgerufenen Zustand entstehen Schmerzen. Man fühlt sich oft unverstanden.
r: Große Erwartungen werden in Partner und Umwelt gesetzt. Die Bereitschaft zu geben ist gering.
a: Der Frust und der Druck werden wieder im Rucksack verstaut.
u: Man fühlt sich von der Umwelt nicht ernst genommen und wird dadurch anfällig für depressive Phasen.
d: Das Paket, der Rucksack wird schwer. Gedanken der Vergangenheit werden von einer auf die andere Seite gewälzt und erschweren eine konsequente Veränderung.

Was kann gelernt werden?

W: Wie eine Waage solltest du lernen, Gleichgewicht zu entwickeln. Maß halten.
A: Arbeite mit deinen Fähigkeiten. Sanft und liebevoll.
L: Begreife, daß es nur um deine individuelle Entwicklung geht. Um dein Leben. Lerne, es zu genießen, denn jeder Augenblick ist kostbar.
T: Um zu siegen, muß man lieben. Lerne deinen Körper, Gedanken und Gefühle zu lenken und besiege dein Ego, damit es sich deiner wahren Seelennatur unterordnet.
R: Die Liebe ist die stärkste Kraft, sie verhilft dir zum Sieg.
A: Ausdauer und Geduld sind deine Lehrmeister. Beginne, sie mehr und mehr zu nutzen.
U: Du bist wie ein offenes Gefäß. Vieles ist in dir, öffne dich noch mehr den Schönheiten des Lebens.
D: Geh mutig und voller Selbstvertrauen deinen Lebensweg. Verweile nicht in der Vergangenheit. Sie bleibt nur so lange bestehen, wie du sie anerkennst und ihr deine Aufmerksamkeit schenkst.

(W)AL(TR)AU(D)

Der erste Buchstabe *W:* Eine Waage verlangt nach Gleichgewicht. Lerne, mit deiner intuitiven Veranlagung deine Mitte zu finden.
Die mittleren Buchstaben *T, R:* Nur die Liebe kann dir zum Sieg über deine Körpermaterie verhelfen.
Der letzte Buchstabe *D:* Vertrauen auf das, was du als göttlich anerkennst, verhilft dir zur Ruhe. Begreife, daß deine Seelennatur aus einem Reich der Vollkommenheit entstiegen ist. Menschen müssen lernen, mit ihren Kräften umzugehen. Erwarte von niemandem Perfektion oder Vollkommenheit. Wir sind hier, um zu lernen. Folge deinen inneren Idealen und lebe danach, dann ist es ein Weg, der dich langsam, aber sicher ans Ziel bringt. Lege in deine Waage das Gefühl und deine Logik, halte das Gleichgewicht.

Yvonne

Es liegt in der Seelennatur als geistiges Gut:

Y: Geistige Fülle, die durch die Intuition strömt.
V: Die Fülle des Geistes und des Sieges.
O: Die schöpferische Kraft.
N: Die Gabe, Vergangenes mit Gegenwärtigem zu verbinden.
N: Verbindlichkeit.
E: All das durch den Körper zum Ausdruck bringen zu können.

Wenn sich die Persönlichkeit behauptet und nur noch der Materie Aufmerksamkeit schenkt, ergeben sich Verzerrungen in der Lebensqualität und in der Ausdrucksform.

y: Einseitigkeit kann entstehen.
v: Stark begrenzte Einsicht kann sich in den zwischenmenschlichen Beziehungen unangenehm auswirken.
o: Unsicherheit und inneres Chaos erschweren den Zustand.
n: Eingefahrene Muster halten fest. Eine Starrheit, macht sich innerlich breit. Man fühlt sich gefangen.
n: Die eigenen Begrenzungen lassen Barrieren entstehen, die unüberwindlich erscheinen.
e: Das Ego fühlt sich erdrückt, belastet, überfordert und versucht, sich dem Alltag aus Angst vor neuen Enttäuschungen zu entziehen.

Was kann gelernt werden?

Y: Lerne, mit deiner geistigen Qualität zu arbeiten. Deine Intuition arbeitet für dich. Die Fülle deiner Ideen können sich nur verwirklichen, wenn du lernst, nicht nur den Verstand, sondern auch das Gefühl einzusetzen.
V: Arbeite aus deiner geistigen Fülle, mit dem Herzen, mit dem Verstand.
O: Alles ist bereits in dir. Die kreativen Kräfte warten darauf, eingesetzt zu werden durch deine Tätigkeit.

N: Dadurch hast du die Möglichkeit, in frühere Lebenssituationen Einblick zu nehmen.
N: Bringe mit Verbindlichkeit und Liebe altes Wissen wieder ein.
E: Dein Körper ist jetzt deine Möglichkeit, dich zum Ausdruck zu bringen. Nutze die Gelegenheit. Harmonie ist für dich lebenswichtig.

(Y)V(ON)N(E)

Der erste Buchstabe *Y:* Tiefes Wissen ruht in dir.
Die mittleren Buchstaben *O, N:* Es fließt aus der Quelle deiner schöpferischen, göttlichen Natur.
Der letzte Buchstabe *E:* Dein Körper ist ein Instrument des Geistes. Deine Lebensqualität trägt die Kraft zur Verwirklichung in sich. Deine körperliche Form, Geist und Materie verbinden sich in ihr. Deine Stärke liegt in deiner Seelennatur, in deiner schöpferischen Fähigkeit. Verbinde Gedanken, Gefühle und Handlungen zu einem Gleichklang. In Übereinstimmung mit deinen Fähigkeiten werden sich dann auch deine Ausdrucksmöglichkeiten anheben. Mut und Vertrauen, Freude und Frohsinn sind deine Wegbegleiter.

Männliche Vornamen

Adam

Es liegt in der Seelennatur als geistiges Gut:

- *A:* Eine Fülle geistiger Gaben, hohe Leistungsfähigkeit, hohe Belastbarkeit.
- *D:* Eine Fülle schöpferischer Kräfte.
- *A:* Die Kraft, mit den Gaben arbeiten zu können.
- *M:* Die Gabe, auf altes Erfahrungswissen aus früheren Lebensabschnitten zurückgreifen zu können.

Wenn sich die Persönlichkeit behauptet und nur noch der Materie Aufmerksamkeit schenkt, ergeben sich Verzerrungen in der Lebensqualität und in der Ausdrucksform.

- *a:* Die Arbeit wird zur Last. Die Probleme der Vergangenheit werden nicht bereinigt, man kann nicht verzeihen und verstaut alles im Rucksack.
- *d:* Dieser hängt sich wie eine Zentnerlast fest und behindert die Beweglichkeit.
- *a:* Es ist wie ein Kreislauf, in den man immer wieder hineinrutscht.
- *m:* Man kann dadurch träge und unbeweglich werden, man fühlt sich erdrückt und belastet.

Was kann gelernt werden?

- *A:* Arbeite mit der Fülle deiner Anlagen. Unterschätze dich nicht.
- *D:* Was du tust, nützt deiner individuellen Entwicklung.
- *A:* Deine Anlage ist erfüllt mit schöpferischen Fähigkeiten. Lerne und arbeite damit.
- *M:* Altes Wissen wird dir über deine Intuition wieder zuteil, weil es für dein Leben notwendig ist.

(A)(DA)(M)

Der erste Buchstabe *A:* Deine Kraft liegt in deiner Arbeit.
Die mittleren Buchstaben *D, A:* Du kannst mit der Fülle deiner Talente umgehen.
Der letzte Buchstabe *M:* Dein Leben ist erfüllt, wenn du lernst, die Gaben richtig zu nutzen. Nur so viel Erinnerungen aus früheren Lebensabschnitten steigen auf, wie für deine Situation notwendig sind. Vertrau auf deine Führung, auf deine intuitive Anlage, vertrau dir selber und steh zu dir! Mut und Vertrauen sind Grundbausteine für das Leben. Festige sie in dir.

Albert

Es liegt in der Seelennatur als geistiges Gut:

A: Eine Fülle geistiger Gaben, hohe Belastbarkeit, hohe Leistungsfähigkeit.
L: Die Gabe, das Leben bewußt zu erfüllen.
B: Die Fähigkeit, mit Feingefühl und Sanftmut die Verbindung zwischen oben und unten herzustellen.
E: Die Gabe, Verstand, Gefühl und Handlung in Übereinstimmung zu bringen.
R: Liebe zu allem Leben.
T: Die Kraft, über die eigene Körpermaterie zu siegen.

Wenn sich die Persönlichkeit behauptet und nur noch der Materie Aufmerksamkeit schenkt, ergeben sich Verzerrungen in der Lebensqualität und in der Ausdrucksform.

a: Der Rucksack füllt sich, wird mit allen Dingen bestückt, die der Vergangenheit angehören. Die Arbeit kann zur Last werden.
l: Das Leben erscheint nicht lebenswert. Trübsinnige Gedanken können in Depressionen enden. Dennoch erhebt sich das Ego immer wieder und bläht sich auf wie ein Luftballon, dem schnell die Luft entweicht.

b: Die Persönlichkeit beginnt zu fordern. Bindungen werden festgehalten, wodurch man sich selber Begrenzungen auferlegt. Das Körperbewußtsein ist gestört, was wiederum Unzufriedenheit mit sich und der Welt hervorrufen kann.

e: Schwerfälligkeit und Trägheit können entstehen. Man sieht zwar die Arbeit, aber man schiebt sie vor sich her. Ab und zu zieht man sich deshalb gern in das eigene Schneckenhaus zurück.

r: Die Forderungen und die Erwartungen an die Umwelt und an den Partner, wachsen. Die Bereitschaft, selbst zu geben, ist gering. Der Wunsch und die Sehnsucht nach Liebe und Zuwendung nehmen zu.

t: Unter der Angst vor Enttäuschung leidet man. Der Versuch, möglichst viel zu vertuschen, verkrampft den Körper. Er meldet sehr bald die ersten Alarmsignale.

Was kann gelernt werden?

A: Arbeitsfreude, Tatendrang, Schaffenskraft erfüllen dein Wesen. Laß dich nicht von Äußerlichkeiten beeinflussen. Nutze deine Gaben. Dein Leben ist erfüllt mit Arbeitseinsatz. Dein nötiges Rüstzeug hast du in dir.

L: Lebe dein Leben und folge dem inneren Ruf deiner Wesensnatur. Vergebung ist einer deiner Lernprozesse. Vergib dem, was hinter dir liegt, aber in erster Linie vergib dir selbst! Geh den großen Schritt nach vorn.

B: Dann kann dein Körper aufatmen. Vernachlässige ihn nicht, aber erkenne, daß er nicht alles ist. Verbinde durch dein Körperelement, Geist und Materie.

E: Harmonie sollte dein Wesen erfüllen. Stelle die Übereinstimmung deiner Gedanken, Gefühle und Handlungen her.

R: Du trägst in dir das höchste und kostbarste Gut – die Liebe. Jene Liebe, die befähigt ist, alles Leben miteinzubeziehen.

T: Nur durch Liebe kannst du lernen, dich selber zu lenken. Nur durch Liebe kannst du mit deinem Partner und mit deiner Umwelt eine gute Verbindung haben. Liebe läßt dich wachsen, und sie gibt dir Kraft.

(A)L(BE)R(T)

Der erste Buchstabe *A:* Arbeite und verbinde.
Die mittleren Buchstaben *B, E:* Versuche das Gleichgewicht im Geistigen, sowie im Körperlichen herzustellen. Verbinde deine Gedanken, Gefühle und Handlungen.
Der letzte Buchstabe *T:* Dein Sieg kann sich in dir vollziehen. Lerne, deinen Körper liebevoll und einfühlsam zu dirigieren. Deine Lebensqualität ist erfüllt mit aktiver Umsetzungskraft. Arbeite mit deiner intuitiven Anlage, und es wird ein schöner Weg sein. Nur in Liebe kannst du siegen.

Bernhard _____

Es liegt in der Seelennatur als geistiges Gut:

B: Die Fähigkeit mit Feingefühl und Sanftheit die Verbindung zwischen oben und unten herzustellen, damit das Gleichgewicht gewahrt bleibt.
E: Gleichklang und Harmonie in Körper, Geist und Seele, in Verstand, Gefühl und Handlung herzustellen.
R: Die Gabe der Liebe, Liebe zum Leben.
N: Die Gabe, vergangenes Wissen mit der Gegenwart zu verbinden.
H: Gleichgewicht und Balance, Gerechtigkeit.
A: Die Gabe, mit diesen geistigen Gaben umgehen zu können; hohe Leistungsfähigkeit und Belastbarkeit.
R: Die Fähigkeit, das Leben in jeglicher Form zu lieben.
D: Die Fülle geistiger und schöpferischer Kräfte, die notwendig sind, um das Leben zu erfüllen.

Wenn sich die Persönlichkeit behauptet und nur noch der Materie Aufmerksamkeit schenkt, ergeben sich Verzerrungen in der Lebensqualität und in der Ausdrucksform.

b: Das Ego beginnt zu fordern. Es kann und will nichts loslassen.

e: Dadurch kann Trägheit entstehen. Die Persönlichkeit liebt es gar nicht, wenn sie gutgemeinte Ratschläge zur Verbesserung bekommt.
r: Die Erwartung in Partner und Umwelt sind sehr groß. Der Wunsch nach Liebe und Erfüllung wächst. Die eigene Bereitschaft, die Erwartungen selbst zu erfüllen, sind gering.
n: Die alten Verhaltens- und Gedankenmuster halten fest. Der Alltag wird grau.
h: Oft fühlt man sich innerlich zerrissen.
a: Die zunehmende Unruhe und Unzufriedenheit wird geschickt überspielt und im Rucksack verstaut.
r: Die Sehnsüchte werden immer größer, und man leidet unter seinen eigenen unausgeglichenen Gefühlszuständen.
d: Der ganze Kummer ist im Rucksack, der immer schwerer wird und sich dann wie ein Eisen um die Füße und Beine legt. Das kann sich im Bewegungsapparat manifestieren.

Was kann gelernt werden?

B: Lerne, deine geistige Natur ebenso anzunehmen wie deine körperliche.
E: Begreife die Wichtigkeit deines Körpers. Erkenne, daß er sich nur mit dem Geist lenken läßt. Verbinde deinen Verstand und dein Gefühl.
R: Erkenne, daß nur mit Liebe und Besonnenheit dein Ziel zu erreichen ist.
N: In dir liegen bereits alle Lösungen. Laß alte Begrenzungen los.
H: Lerne, das Gleichgewicht zu entwickeln, Balance zu wahren. Deine Intuition hilft dir, den Weg zu finden, der dich in der Mitte hält. Lerne, mit dem Herzen zu denken, dann findest du den Weg sehr schnell. Durch Intuition und Liebe entwickelt sich der Halt in dir, der auch für deine Umgebung wichtig ist.
A: Nur durch die Arbeit an deinen Fähigkeiten gelangst du zu dem Ziel, das du anstrebst.
R: Lerne, noch mehr das Wort, den Sinn, den Zustand der Liebe zu erkennen. Liebe ist das wichtigste.

D: Erkenne deine Qualitäten, deine Möglichkeiten. In dir sind viele Talente, die nur darauf warten, entdeckt zu werden. Mit Liebe kannst du vieles aus der Verborgenheit emporheben. Arbeite und lebe mit dir selber im Einklang.

(B)ER(NH)AR(D)

Der erste Buchstabe *B:* Ausgewogenheit im Geistigen sowie Physischen.
Die mittleren Buchstaben *N, H:* Verbinde Geist und Materie, Verstand und Gefühl, verbinde den Kopf mit dem Herzen und entwickle das Gleichgewicht.
Der letzte Buchstabe *D:* Rechtes Denken und Fühlen sind deine Stärke. Erkenne das Ganze! Verlier dich nicht in den Kleinigkeiten, sondern versuche und übe dich in deiner wahren Größe, die sich über die alltäglichen unwichtigen Belange hinwegsetzen kann. Erkenne die Schönheit des ganzen Gartens, verlier dich nicht in der einzelnen Blüte eines Baumes in diesem Garten. Es entspricht deiner Lebensqualität, die Verbindungen herzustellen – in den physischen und in den geistigen Bereichen. Du bist wie eine Brücke. Je fester und sicherer sich deine eigenen Wurzeln gefestigt haben, um so tragender bist du für andere, die mit deiner Hilfe ein Stückchen weiterkommen. Liebe und Intuition geben dir Kraft zum Wachsen, sei eine Brücke der Liebe.

Bruno

Es liegt in der Seelennatur als geistiges Gut:

B: Die Fähigkeit, mit Feingefühl und Sanftheit oben und unten zu verbinden, um das Gleichgewicht herzustellen.
R: Die Gabe der Liebe zu allem Leben.
U: Wie ein Gefäß zu sein.
N: Verbindlichkeit und Verbindungen zwischen dem Wissen der Vergangenheit und dem Heute.

O: Eine Gabe schöpferischer Kräfte und Fähigkeiten.
Wenn sich die Persönlichkeit behauptet und nur noch der Materie Aufmerksamkeit schenkt, ergeben sich Verzerrungen in der Lebensqualität und in der Ausdrucksform.
b: Die Persönlichkeit hält alles fest und beansprucht zuviel für sich.
r: Man neigt dadurch zur Kleinlichkeit und Kritiksucht. Die Erwartung auf das Entgegenkommen der Umwelt und des Partners ist groß. Die Sehnsucht nach Liebe und Zärtlichkeit wächst. Die eigene Bereitschaft zu geben ist gering.
u: Darunter leidet die Persönlichkeit. Sie engt sich selbst ein und ist dadurch anfälliger für Destruktives und Krankmachendes.
n: Krampfhaft versucht man, alte Dinge festzuhalten. Das eingefahrene Weltbild wird aufrechterhalten und verhindert Veränderungen.
o: Es kann Unruhe, Unzufriedenheit, Nörgelei und ein inneres Chaos geben. Streitsüchtig und rechthaberisch kann es manchmal in diesen Situationen zugehen.

Was kann gelernt werden?

B: Begreife, daß deine geistige Natur ebenso wichtig ist wie deine körperliche.
R: Erkenne, daß nur mit Liebe und Frieden das zu erreichen ist, was du anstrebst.
U: Lerne deine Fähigkeiten besser kennen. Du bist wie ein Gefäß, in der Tiefe deines Wesens ruhen viele Kostbarkeiten. Sei offen für die Inspiration, denn der Verstand allein kann die Ideen nicht umsetzen. Deine Intuition und die Inspiration verhelfen dir zu der Erkenntnis.
N: In dir liegen die Lösungen all deiner Fragen, denn du trägst altes Wissen in dir, entdecke es wieder und setze es zeitgemäß ein.
O: Deine wahre Seelennatur behütet viele tiefe Geheimnisse. Erst, wenn du gelernt hast, sie mit deinem Herzen zu begreifen, werden sie aus deiner Seelentiefe in dein Bewußtsein aufsteigen. Lerne, deine Fähigkeiten zu nutzen.

(B)R(U)N(O)

Der erste Buchstabe *B:* Entwickle dein Gleichgewicht im Physischen wie im Geistigen.
Der mittlere Buchstabe *U:* Begreife dich als ein Gefäß, das gefüllt ist mit göttlichen Gaben. Wie ein Kanal, der viel in sich trägt und durch den auch Vieles fließt.
Der letzte Buchstabe *O:* Die Fülle deiner kreativen schöpferischen Kräfte läßt in dir viele Talente bemerkbar werden. Durch sie entwickelst du eine sehr gesunde Beziehung zur Erde und zugleich eine stärkende Verbindung zum Himmel. Nutze deine Möglichkeiten und deine schöpferische Kraft. Arbeite mit dem Herzen, mit dem Bewußtsein, mit dem Geist, dann stehst du in der Mitte.

David

Es liegt in der Seelennatur als geistiges Gut:

D: Es liegen in dir eine Fülle geistiger, schöpferischer Kräfte, die für deinen Lebensweg notwendig sind, um ihn zu erfüllen.
A: Du hast die Gabe, den Anforderungen des Lebens gerecht werden zu können; hohe Leistungsfähigkeit.
V: Die Kraft des Sieges durch das geistige Gut.
I: Die Gabe der Intuition.
D: Du hast die Fähigkeit, dein Leben zu erfüllen und dein Ziel zu erreichen.

Wenn sich die Persönlichkeit behauptet und nur noch der Materie Aufmerksamkeit schenkt, ergeben sich Verzerrungen in der Lebensqualität und in der Ausdrucksform.

d: Man fühlt sich gefangen von der Vergangenheit. Dadurch wird man unruhig, denn der Rucksack an den Beinen ist schwer und hemmt den Bewegungsapparat.
a: Der Rucksack wird schwer, weil alles Unverarbeitete der

Vergangenheit und die unerfüllten Wünsche der Gegenwart verstaut werden. Das belastet den Körper.

v: Die Persönlichkeit fühlt sich hin- und hergerissen, zwischen Entscheidungen und Meinungen. Es fällt ihr schwer, die eigenen Fähigkeiten zu erkennen.

i: Sie fühlt sich manchmal dem Leben nicht gewachsen und lehnt sich selber ab. Dadurch ergibt sich wieder ein schmerzvoller Prozeß, der im Wirbelsäulenbereich zum Ausdruck kommen kann.

d: Geistige Trägheit kann den Alltag erschweren. Die Unzufriedenheit kann sich sehr stark ausbreiten, so daß man zur Rechthaberei neigen kann. Dies behindert den Entwicklungsprozeß.

Was kann gelernt werden?

D: Geh deinen Weg unbekümmert und geh ihn selbstbewußt. Du trägst in dir die Kraft, deine Aufgaben zu erfüllen.

A: Lerne, deine Aufmerksamkeit mehr auf die Fülle dessen zu lenken, was du selbst in dir als Qualitäten trägst. Alles was um dich herum geschieht, sollte dich aufmerksam machen. Allzu gern läßt du dich von deinen eigentlichen Plänen abhalten. Eine Fülle von geistigen und physischen Kräften ruht in dir.

V: Lerne auch, mit der Fülle deiner geistigen Natur umzugehen. Sie hält für dich alles bereit, was du benötigst, um zu siegen.

I: Nutze die Gabe der Intuition. Sie versorgt dich, wenn du dich ihr vollen Herzens öffnest.

D: Geh deinen Weg nach vorn, dem Ziel entgegen. Vergib der Vergangenheit und versuche mit dir und der Gegenwart Frieden und Harmonie zu schließen.

D)A(V)I(D)

Der erste Buchstabe *D:* Geh sicher deine Lebenswege.
Der mittlere Buchstabe *V:* Die Kraft des Sieges ruht in dir.
Der letzte Buchstabe *D:* Nutze deine Gaben, denn es ist dein

Leben. Du allein trägst die Verantwortung dafür. Deine Intuition steigt aus der Tiefe deiner Seelennatur, aus dem Zentrum deiner individuellen göttlichen Gegenwart empor, um dich zu belehren. Nur wer gelernt hat, seine Ohren der Stimme des Herzens zu öffnen, der kann hören und verstehen, daß die Liebe das oberste Gebot ist. Solange die Welt von Machtkämpfen und von Gewalt beherrscht wird und solange der einzelne diesen Elementen Aufmerksamkeit schenkt, bleibt das innere Ohr verschlossen. Öffne dein Herz, und beginne das Leben mit den Augen der Liebe und der Toleranz zu betrachten, und du wirst Veränderungen in und an dir verspüren. Geh deinen Weg mutig.

Dieter

Es liegt in der Seelennatur als geistiges Gut:

D: Eine Fülle schöpferischer Fähigkeiten.
I: Intuition.
E: Die Gabe, Verstand, Gefühl und Handlungen in Übereinstimmung zu bringen.
T: Die Kraft, den Sieg über die Körpermaterie zu erringen.
E: Einklang in Körper, Geist und Seele.
R: Die Gabe der Liebe.

Wenn sich die Persönlichkeit behauptet und nur noch der Materie Aufmerksamkeit schenkt, ergeben sich Verzerrungen in der Lebensqualität und in der Ausdrucksform.

d: Man fühlt sich gefangen von der Vergangenheit. Dadurch entsteht ein bedrückendes Gefühl und Unruhe. Dieser Zustand kann sich im Bewegungsapparat bemerkbar machen.
i: Die ablehnende Haltung, mit der man sich selbst oft begegnet, ist zugleich eine Ablehnung der eigenen Lebenskraft. Diese Haltung kann einen schmerzhaften Zustand in der Wirbelsäulenregion hervorrufen.

e: Man versucht, sich oft den Dingen, die Veränderungen hervorrufen könnten, zu entziehen.
t: Man leidet und meint irrtümlicherweise, das Leid tragen zu müssen. Der Körper, das Herz, das Gemüt leiden.
e: Am liebsten möchte man in diesen Lagen sein Schneckenhaus nicht mehr verlassen.
r: Aber die Sehnsucht nach Liebe und Zärtlichkeit lassen die Persönlichkeit immer wieder in Erscheinung treten. Die Forderungen und Erwartungen an Partner und Umwelt sind größer, als die Bereitschaft selbst zu geben.

Was kann gelernt werden?

D: Um das Ganze erkennen zu können, mußt du lernen, dich von Kleinigkeiten nicht mehr beirren zu lassen. Gehe deinen Weg, es ist dein Leben, und du trägst in dir alle Voraussetzungen, es erfüllen zu können.
I: Deine Schaffenskraft ist erfüllt mit Ideen und Inspirationen. Lerne, mit deiner geistigen Natur besser umzugehen, nutze deine Intuition!
E: Beginne deinen Körper als ein Gefäß zu betrachten, in dem und durch den du dich zum Ausdruck bringen kannst. Körper, Geist und Seele sind eine Einheit mit verschiedenen Bewußtseinszuständen. Verbinde sie durch deine Liebe.
T: Entfalte deine individuellen Gaben, du trägst die Anlagen in dir, aber sie bedeuten Arbeit. Ein Sieg über das Körperelement ist nur zu erreichen mit Liebe und Einfühlungsvermögen.
E: Verbinde Verstand, Gefühl und Handlung. Bringe sie in Übereinstimmung.
R: Deine Liebe hilft dir dabei, denn sie ist deine Stärke. Es ist nicht nur die Liebe für den Partner, die dir zueigen ist, es ist jene Liebe, die alles Leben benötigt.

(D)I(ET)E(R)

Der erste Buchstabe *D:* Geh mit Schwung dem Leben entgegen.
Die mittleren Buchstaben *E, T:* Mit Freude, Ausgeglichenheit, Frieden und Harmonie kommst du deinem Lebensziel näher.
Der letzte Buchstabe *R:* Lerne, dir selbst und deiner Umwelt mit Liebe zu begegnen, und laß deine Intuition wirksam werden. Deine Lebensqualität ist geprägt von einer Stärke, die in dein Körperbewußtsein strömt. Dein Körper ist dein wichtigstes Ausdrucksmittel, deshalb behandle ihn gut. Deine geistige Natur benötigt auch Pflege, verbinde beides und entdecke in allen Formen, das göttliche, das schöpferische Lebensfeld. Deine Fähigkeit zu lieben, heilt viele Wunden. Laß deine Vergangenheit los und folge dem Ruf deiner Seele. Sie inspiriert dich auch im Beruflichen, denn Körper, Geist und Seele sind eine Einheit. Geh freudig deinen Weg durch diese Welt, denn das Leben hier entspricht nicht einmal einem Atemzug in der Ewigkeit.

Erich

Es liegt in der Seelennatur als geistiges Gut:

E: Die Gabe, Körper, Geist und Seele in Einklang zu bringen.
R: Liebe zu allem Leben.
I: Die Intuition.
C: Die Gabe, die Fülle des Geistes zu nutzen, ohne auf Vergangenes zu schauen.
H: Die Balance, das Gleichgewicht zu halten; Gerechtigkeit.
Wenn sich die Persönlichkeit behauptet und nur noch der Materie Aufmerksamkeit schenkt, ergeben sich Verzerrungen in der Lebensqualität und in der Ausdrucksform.
e: Man wird träge und schwerfällig. Das Ego kann von sich derart eingenommen sein, daß es nicht bereit ist zu einer Veränderung, sie aber von anderen erwartet.

r: Die Forderungen an Partner und Umwelt können zunehmen. Die Erwartungshaltung wächst und läßt Unzufriedenheit entstehen, weil die eigene Bereitschaft, dem anderen in Liebe und Achtung zu begegnen, fehlt.

i: Die ablehnende Haltung, sich selbst gegenüber, beschränkt die eigene Lebenskraft. Das kann körperliches Unbehagen mit sich bringen.

c: Die Bereitschaft zu verzeihen ist sehr gering. Alles wird festgehalten, und man kann sich an den kleinsten Unstimmigkeiten des Alltags so fest verbeißen, daß Weltuntergangsstimmung herrschen kann.

h: Die Persönlichkeit setzt sich immer wieder in den Mittelpunkt und legt seine Forderungen dar. Die Ideen und Illusionen zerplatzen meist wie Seifenblasen. Dadurch ergibt sich ein ständiges Reizfeld. Gespannte Atmosphäre und ein unberechtigter Machtanspruch. Man könnte dies auch als den kleinen Tyrannen bezeichnen.

Was kann gelernt werden?

E: Lerne zu begreifen, daß deine innere Haltung sich durch deinen Körper zum Ausdruck bringt. Beginne in dir Frieden, Ordnung und Harmonie zu entwickeln. Lerne, deine Gedanken, Gefühle und Handlungen in Übereinstimmung zu bringen.

R: Liebe ist nicht nur ein Geheimnis, ein Wort oder ein vorübergehender Zustand. Liebe ist die zusammenhaltende Kraft der Welten. Sie heilt Wunden und stärkt. Du trägst diese wundervolle Liebe in dir. Nutze sie, lebe sie und erlebe sie. Fülle dein Leben mit dieser Substanz.

I: Deine Intuition läßt aus der Tiefe deiner Seelennatur Ahnungen in dir aufsteigen, die sich durch deine Arbeit an dir zur Bewußtwerdung erweitern.

C: Sei offen für die Fülle deiner geistigen Qualitäten und lerne diese, in deinen Alltag einzubringen. Lerne, aus Liebe zu vergeben und zu verstehen.

H: Halte und bewahre in dir dein Gleichgewicht. Deine Ausgewogenheit der gedanklichen und der gefühlsmäßigen

Ebenen. Halte Maß! Laß deinen Sinn für Gerechtigkeit auch in deinen inneren und äußeren Angelegenheiten aktiver werden.

(E)R(I)C(H)

Der erste Buchstabe *E:* Beginne das Gleichgewicht in deinem Körper herzustellen.
Der mittlere Buchstabe *I:* Deine Intuition belehrt dich über das Wie.
Der letzte Buchstabe *H:* Steh mit beiden Beinen auf der Erde, aber mit geöffnetem Herzen und offenem Bewußtsein und wachsamen Sinnen. Dein Kopf ist im Himmel. Öffne dich noch mehr den intuitiven Kräften, deine Anlagen sind vollkommen, in dem Maße, wie es dein Leben für notwendig erachtet, fließen sie hervor. Deine Inspiration ist erfüllt mit kreativen Strukturen. Benutze deinen Körper als Ausdrucksform und verwirkliche deine Fähigkeiten. Nutze den Augenblick und trauere nicht der Vergangenheit nach. Lebe in der Gegenwart, und deine Zukunft wird sich gestalten. Mut und Vertrauen sind dir zueigen. Erwarte keine Wunder – vollbringe sie!

Ernst

Es liegt in der Seelennatur als geistiges Gut:

E: Die Gabe, Körper, Geist und Seele in Einklang zu bringen.
R: Liebe.
N: Die Fähigkeit, Vergangenes mit Gegenwärtigem zu verbinden.
S: Lebenskraft, Vitalität, Stabilität.
T: Die Fähigkeit, mit diesen Gaben einen Sieg über die Körpernatur zu erzielen.

Wenn sich die Persönlichkeit behauptet und nur noch der Materie Aufmerksamkeit schenkt, ergeben sich Verzerrungen in der Lebensqualität und in der Ausdrucksform.

e: Man wird träge und schwerfällig. Das Ego kann von sich selbst derart eingenommen sein, daß es nicht bereit ist für notwendige Veränderungen, diese aber von der Umwelt erwartet.
r: Die Forderungen an Partner und Umwelt nehmen zu, die Erwartungshaltung wächst, Unzufriedenheit entsteht. Die Bereitschaft, selbst zu geben, ist gering.
n: Man hält an alten Gedankenmodellen fest und wird unbeweglich.
s: Worte können verletzen.
t: Die Persönlichkeit leidet. Sie kann dem Energiestau nicht standhalten. Es ergeben sich Störzonen, in Gelenken und Wirbelsäulenbereich, ebenso können sich die bereits bestehenden Schwachstellen im Organbereich melden. Innere Verspannungen geistiger Natur ziehen auch Verspannungen im Physischen nach sich.

Was kann gelernt werden?

E: Lerne, die Verbindungen herzustellen, die für deinen Körper wohltuend sind. Harmonie und Übereinstimmungen der Gedanken, Gefühle und Handlungen.
R: Die Gabe und die Fähigkeit zu lieben ist dir zueigen. Nutze sie. Durch Liebe kannst du wachsen. Es gibt keinen geistigen Fortschritt ohne Liebe.
N: Lerne deine Verbindlichkeit so weit zu entwickeln, daß sie durch deine Arbeit Segen bringt. Vieles kommt dir zugute, was du dir in deiner Vergangenheit einmal erarbeitet hast. Jede Tugend, jedes Talent, jede Erfahrung und Qualität ist in dir eingespeichert. Du kannst darauf zurückgreifen. Deine Ideen und Vorstellungen sollten realisiert werden. Vertrau auf deine intuitive Veranlagung.
S: Lerne, mit deinen körperlichen Kräften hauszuhalten, sie können sich nur regenerieren und aktivieren, wenn sie die dazu notwendige geistige Nahrung erhalten.

T: Durch bewußte Lebensweise kannst du lernen, ein König in deinem Reich zu sein. Deine Körperenergien folgen dem Ruf deiner Seele, deiner Liebe.

(E)R(N)S(T)

Der erste Buchstabe *E:* Laß deine Liebe tätig sein und verbinde Gedanken, Gefühle und Handlungen.
Der mittlere Buchstabe *N:* Knüpfe die Verbindungen und beginne das Vergangene mit der Gegenwart in Einklang zu bringen.
Der letzte Buchstabe *T:* Durch die Verbindungen des Herzens, wird sich dir die Kraft deiner Seelennatur offenbaren. Dein Sieg kann nur durch die Kraft der Liebe geschehen. Dann bist du ein wahrer Herrscher in deinem Reich. Dein Körper ist für dich wichtig, denn deine Lebensenergie kann sich nur durch ihn zum Ausdruck bringen. Betrachte ihn deshalb wie ein Geschenk, er ist es wert. Mit Geduld und Ausdauer wirst du dein Ziel erreichen.

Florian

Es liegt in der Seelennatur als geistiges Gut:

F: Die Gabe, Frieden zu verwirklichen, Verstand und Gefühl zu vereinen.
L: Die Fähigkeit, das Leben bewußt zu erfüllen.
O: Schöpferische Fülle.
R: Liebe.
I: Intuition.
A: Die Kraft, mit diesen Gaben umgehen zu können.
N: Vergangenes mit Gegenwärtigem zu verbinden.
Wenn sich die Persönlichkeit behauptet und nur noch der Materie Aufmerksamkeit schenkt, ergeben sich Verzerrungen in der Lebensqualität und in der Ausdrucksform.

f: Die Persönlichkeitsprägung wird immer stärker. Das Ego steht voll und ganz in seiner Marter. Es hält fest, was ihm gefällt. Wird dadurch festgefahren, unbeweglich und steif.
l: Die Wachsamkeit läßt nach, und es kann sein, daß sich aus einer feinen Weichheit starke Labilität entwickelt.
o: Ein inneres Chaos und extreme Gefühlsschwankungen können entstehen.
r: Die Erwartungen in Umwelt und Partner nehmen zu, die Forderungen können einen unangenehmen Beigeschmack auslösen, denn die eigenen Belange stehen im Vordergrund.
i: Das Ego leidet sehr unter seinem Zustand, denn es spürt in sich, wie es sein sollte. Es fühlt sich unter diesem Druck fast erschlagen. Dadurch ergeben sich im Körperraum Spannungszonen, die sehr schmerzhaft sind.
a: Der unbewältigte und nicht ausgesprochene Groll wird im Rucksack verstaut.
n: Eine eingefahrene Verhaltensform lastet so auf dem Ego. Man erkennt die eigenen Situationen nicht, wohl aber die der anderen. Gereizt und unausgeglichen fühlt sich die Persönlichkeit und versucht dennoch, sich mit allen Mitteln zu behaupten.

Was kann gelernt werden?

F: Lerne, Frieden zu halten mit dir selbst und deiner Umgebung. Frieden ist für dich lebenswichtig. Verbinde deine Gedanken mit dem Gefühl und bringe dich so mit ein in das Leben.
L: Lebe dein Leben aus dem Bewußtsein heraus, daß es kostbar ist! Lerne und begreife, daß jeder Augenblick eine neue Möglichkeit des Lernens bietet.
O: Schöpfe aus deiner Quelle, aus deiner göttlichen Natur. Deine Seelenqualität ist erfüllt mit allen schöpferischen, kreativen Kräften – nutze sie und wende sie in deiner täglichen Arbeit an.
R: Die höchste Kraft, die das Universum durchströmt, ist die Liebe. Sie spannt sich wie ein Gummiband um die Erde

und jeder Mensch versteht sie anders. Du trägst in dir diese Gabe der Liebe, die befähigt ist, alles Leben, in jeglicher Form, mit einzubeziehen. Lerne, mit Liebe und Frieden zu leben.
I: Deine Intuition verhilft dir dabei, dies zu verwirklichen, wenn du dein Herz für deine geistige Natur öffnest.
A: Deine Arbeitsfähigkeit ist groß genug, um deinen Lebensplan zu erfüllen. Arbeite an dir und aktiviere den Frieden in dir, um ihn dann in all deinen Angelegenheiten verwirklichen zu können.
N: Altes Wissen steigt über deinen intuitiven Zugang auf und bereichert dein Leben.

(F)LO(R)IA(N)

Der erste Buchstabe *F:* Frieden ist deine Stärke.
Der mittlere Buchstabe *O:* Schöpferkraft ruht in dir.
Der letzte Buchstabe *N:* Du kannst Vergangenes mit Gegenwärtigem verbinden, durch Einfühlungsvermögen und Liebe.
Deine Lebensqualität ist erfüllt mit einer kostbaren Gabe. Nutze die Kraft deiner inneren Veranlagung und beginne dein Leben zu gestalten. Du trägst für all deine Gedanken, Gefühle und Handlungen die Verantwortung. Dein Körper ist dein Ausdrucksbarometer. Deine Talente können sich auch beruflich entwickeln, wenn du Frieden und Liebe empfindest. Verbinde beides in dir, und es werden sich Tore öffnen, um dir dein Ziel zu zeigen.

Franz

Es liegt in der Seelennatur als geistiges Gut:

F: Die Gabe, Frieden zu verwirklichen, Verstand und Gefühl zu vereinen.
R: Die Gabe, alles Leben zu lieben.

A: Die Fülle geistiger Kräfte, die notwendig sind, um die Anlagen zu verwirklichen.
N: Vergangenes mit Gegenwärtigem zu verbinden.
Z: Himmel und Erde, oben und unten, Geist und Materie zu verbinden.
Wenn sich die Persönlichkeit behauptet und nur noch der Materie Aufmerksamkeit schenkt, ergeben sich Verzerrungen in der Lebensqualität und in der Ausdrucksform.
f: Die Persönlichkeit kann sich sehr dominierend zum Ausdruck bringen. Man hält fest an allem, was gefällt, hängt in der Materie, die zur Marter werden kann.
r: Die Forderungen an Partner und Umwelt können sehr intensiv werden, die Erwartungen an die Umwelt sind groß. Dadurch kann es sein, daß das Ego kleinlich und kritiksüchtig wird.
a: Alles bedrückende wird im Rucksack verstaut. Unbeschwertheit wird vorgetäuscht.
n: Trägheit kann sich einstellen. An alten Mustern wird festgehalten.
z: Begrenzungen werden gesetzt. Zynismus kann den Alltag erschweren. Der Körper verspannt sich, und es können hartnäckige, schmerzhafte Behinderungen entstehen.

Was kann gelernt werden?

F: Lerne, Frieden zu entwickeln und deine Gedanken mit deinen Gefühlen in Übereinstimmung zu bringen. Deine intuitive Veranlagung bringt dir alles in dein Bewußtsein, was für dich wichtig ist.
R: Lerne, mit deiner geistigen Ausstattung ebenso umzugehen wie mit deiner Körpermaterie. Begreife, daß ohne Liebe kein Leben gedeihen kann.
A: Du trägst in dir ein großes Arbeitspotential, ebenso die notwendigen geistigen Impulse, um dein Leben zu erfüllen.
N: Lerne, mit deinem geistigen Gut umzugehen, denn du kannst auf vergangenes Wissen zurückgreifen, wenn es deinem Lebensplan entspricht.
Z: Verbinde geistiges Gut mit deiner Arbeits- und Handlungs-

weise. Verbinde oben und unten, auch in deinem Körper. Bringe die Einheit durch dich zum Ausdruck.

(F)R(A)N(Z)

Der erste Buchstabe *F:* Frieden ist deine Stärke.
Der mittlere Buchstabe *A:* Deine Leistungsfähigkeit wird noch mehr erhöht, wenn deine Handlungen mit Frieden und Einfühlungsvermögen erfüllt sind.
Der letzte Buchstabe *Z:* Beginne das Wissen deiner Mentalebene mit deiner Gefühlsebene zu verbinden. Erarbeite dir den Himmel auf Erden, denn du trägst ihn bereits in dir. Eine Fülle geistiger Gaben, die nur für deinen Lebensbereich arbeiten. Frieden ist deine große Stärke. Frieden verbindet. Lerne, und arbeite, dein Ziel ist nahe. Frieden und Liebe sind deine Grundpfeiler.

Friedrich

Es liegt in der Seelennatur als geistiges Gut:

F: Die Gabe, Frieden im Leben zu verwirklichen.
R: Liebe zum Leben.
I: Intuition.
E: Die Gabe, Gedanken, Gefühle und Handlungen in Übereinstimmung zu bringen.
D: Eine Fülle geistiger Gaben, schöpferischer Kräfte, die für das Leben benötigt werden, um es meistern zu können.
R: Die Fähigkeit, zu lieben und zu vergeben.
I: Intuition.
C: Die Fülle des Geistes nutzen zu können, ohne auf Vergangenes zu blicken.
H: Gleichgewicht und Balance zu halten.
Wenn sich die Persönlichkeit behauptet und nur noch der Ma-

terie Aufmerksamkeit schenkt, ergeben sich Verzerrungen in der Lebensqualität und in der Ausdrucksform.

f: Die Persönlichkeit stellt sich stark dar, denn das Ego hängt voll und ganz in seiner eigenen Marter. Es hält fest, was gefällt.

r: Die Forderungen und Erwartungen in Partner und Umwelt sind gewaltig. Die Bereitschaft, selbst zu geben, ist jedoch sehr gering.

i: Das Ego entwickelt allmählich eine Abwehrhaltung den eigenen Gefühlen gegenüber und verletzt sich selbst. Wirbel oder Gelenkbereiche können in Mitleidenschaft gezogen werden.

e: Es kann sein, daß man sich langsam in ein Schneckenhaus zurückzieht und eine Art der Unnahbarkeit entwickelt.

d: Die Persönlichkeit hängt in der eigenen Vergangenheit fest. Es fällt of schwer, konsequent Veränderungen hervorzurufen. Dieser Druck kann sich wie eine Eisenkugel an die Beine und Füße hängen, so daß man darüber stolpert.

r: Immer wieder werden Erwartungen in die anderen gesetzt.

i: Die Enttäuschungen nehmen zu, und man fühlt sich ständig hintergangen.

c: Das Mißtrauen wächst, und man kann sich an Kleinigkeiten des Alltags festbeißen.

h: Illusionen zerplatzen wie Seifenblasen. Der unausgeglichene Zustand, der durch die Spannungen erzeugt werden kann, ist für das Umfeld unerträglich.

Was kann gelernt werden?

F: Lerne, Frieden zu halten, in dir, mit dir und mit deiner Umwelt. Verbinde deine Gedanken mit deinen Gefühlen, damit sich die Handlung dementsprechend vollziehen können.

R: Gefühle sind da, um gelebt zu werden. Dein Leben braucht Frieden und Liebe, die höchste Kraft, die ein Universum durchströmt.

I: Gehe mit deiner Intuition besser um, denn aus der Tiefe deiner Seelennatur steigen unentwegt Impulse auf, die dich wieder auf deinen geistigen Weg führen.
E: Achte deinen Körper, denn er ist dein Ausdrucksmittel. Deine geistige Natur bedient sich deiner Körpermaterie, und in dem Maße, wie du deine wahre geistige, göttliche Kraft anerkennen kannst, in dem gleichen Maße kann sie sich durch dich zum Ausdruck bringen. Verbinde mit Liebe und Frieden deine Gedanken, Gefühle und Handlungen und sei ein Kanal des Lichtes.
D: Nutze die Gaben deiner kreativen, schöpferischen Möglichkeiten. Lerne zu vergeben, denn Vergebung ist ein Teilaspekt göttlicher Liebe.
R: Liebe das Leben, dich selber, deinen Partner, deine Welt, den Kosmos. Deine Liebe kann wachsen und dir den Unterschied über deine Intuition vermitteln.
I: Intuition gehört nicht zum rationalen Denken, sie ist weder alters- noch intelligenzbedingt, sie ist in dir, ein Grundbestandteil deiner göttlichen Natur. Laß sie bewußter in dein Leben eintreten.
C: Öffne dich den geistigen Neuerungen und lerne zu unterscheiden.
H: Wenn du die Ausgeglichenheit lernst, dann bist du im Gleichgewicht, immer gerecht.

(F)RIE(D)RIC(H)

Der erste Buchstabe *F:* Lerne, dein Leben mit Frieden zu erfüllen.
Der mittlere Buchstabe *D:* Du hast kreative Talente, die du auch in dein berufliches Leben einbringen kannst.
Der letzte Buchstabe *H:* Lerne, deine Mitte zu finden, sie ist der ruhende Pol in dir – deine göttliche Gegenwart. Deine Lebensqualität ist erfüllt mit der Kraft des Friedens, der Erneuerung und der Stärke, die der Welt ein Halt sein kann. Arbeite mit deinen Fähigkeiten, bis du in dir selbst das erlebst, was du außerhalb gesucht hast. Das Licht ist in dir. Die Liebe ist in dir. Der Frieden ist in dir. Das Göttliche ist in dir. Was suchst du

noch? In deinem Seelenpotential ist alles enthalten. Verbinde den Himmel mit der Erde, und erkenne dich selbst als ein Mittler und Leiter der Kräfte. Lebe dein Leben, so wie es in deiner Anlage enthalten ist, und deine Zukunft kann sich erfüllen.

Georg

Es liegt in der Seelennatur als geistiges Gut:

G: Die Gabe, in sich selbst ruhend zu sein, um sich zu verwirklichen.
E: Körper, Geist und Seele in Einklang zu bringen.
O: Die Kraft der schöpferischen Fülle.
R: Liebe zu allem Leben.
G: Die Gabe, mit der Materie zu leben.
Wenn sich die Persönlichkeit behauptet und nur noch der Materie Aufmerksamkeit schenkt, ergeben sich Verzerrungen in der Lebensqualität und in der Ausdrucksform.
g: Ein kleinliches, egoistisches Verhalten stellt sich ein, das nur auf eigene Vorzüge bedacht ist.
e: Schwerfälligkeit kann den Alltag erschweren.
o: Unentschlossenheit bahnt sich an, und durch Gefühlsschwankungen entsteht Chaos.
r: Von der Umwelt und vom Partner erwartet und fordert man zuviel, denn die eigene Bereitschaft zu geben ist gering. Der Wunsch nach Liebe und Zärtlichkeit kann so stark werden, daß man darunter leidet.
g: So kann sich ein egoistischer, vergangenheitsbezogener Zustand einstellen, der immer Vergleiche zwischen dem Jetzt und der Vergangenheit zieht.

Was kann gelernt werden?

G: Begreife, daß du in dir eine tragende Kraft hast, die dich durch das Leben trägt. Nichts kann dich aus der Ruhe brin-

gen, wenn du es nicht willst. Du stehst wie eine Festung, die sehr schwer einzunehmen ist.
E: Deine Stärke liegt auch in deiner Körpernatur. Sie ist kräftig genug, um all das zum Ausdruck bringen zu können. Verbinde auch Gedanken, Gefühle und Handlungen miteinander.
O: Deine schöpferische Gabe ist vielseitig.
R: Deine Fähigkeit zu lieben entspricht dieser schöpferischen Kraft. Lerne, sie zu lenken.
G: Es ist vieles in dir, was dich sicher auf der Erde verankert. Deshalb wirst du dich auch nicht in irgendwelche Höhenflüge verlieren.

(G)E(O)R(G)

Der erste Buchstabe *G:* Deine Gabe, dein Leben zu gestalten ist erfüllt mit Schöpferkraft.
Der mittlere Buchstabe *O:* Dein Leben ist ein Weg der Umsetzung.
Der letzte Buchstabe *G:* Geistiges Gut wird in die Materie getragen, und es verwirklicht sich. Deine Seelenkraft enthält alles Lebenswichtige. Dein Weg ist ein Schritt der Offenbarung geistigen Wissens, ein Weg der Verwirklichung. Sollte dir dein Leben einmal schwerfallen, hilft dir deine innere Schubkraft und stellt dich wieder auf die Beine.

Günther

Es liegt in der Seelennatur als geistiges Gut:

G: Die Gabe, in sich selbst ruhend zu sein, um sich zu verwirklichen.
Ü: Offenheit und Inspiration, die für dieses Leben nötig sind.
N: Vergangenes mit Gegenwärtigem zu verbinden.

T: Sieg über die Körpermaterie.
H: Ausgewogenheit, Gleichgewicht, Balance und Gerechtigkeit.
E: Körperbewußtsein.
R: Die Fähigkeit zu lieben.

Wenn sich die Persönlichkeit behauptet und nur noch der Materie Aufmerksamkeit schenkt, ergeben sich Verzerrungen in der Lebensqualität und der Ausdrucksform.

g: Ein kleinliches, egoistisches Verhalten kann sich einstellen.
ü: Begrenzungen und Vorbehalte können den Alltag erschweren. Auf alles und jedes wird eine logische Erklärung gegeben. Die Angst vor Ungewißheiten erfüllt den Gemütszustand.
n: Die Vergangenheit wird festgehalten.
t: Der Körper und das Ego leiden, der Schmerz nimmt zu.
h: Die großen Ideen und die Illusionen zerplatzen wie Seifenblasen. Der Schmerz berührt das Herz, und man verhärtet sich immer mehr aus Angst vor Enttäuschungen.
e: Es kann sein, daß man sich einigelt.
r: Die Forderungen und Erwartungen werden aber weiterhin an Partner und Umwelt gestellt. Sie sind weitaus größer als die Bereitschaft zum Geben. Die Persönlichkeit steht sich selbst am nächsten. Das Ego ist sehr unnachgiebig und leidet unter diesen Zuständen.

Was kann gelernt werden?

G: Erkenne deine Stärke, die nicht aus deinem Ego oder deiner Persönlichkeitsentfaltung entsteht, sie liegt in deiner wahren Wesensnatur, in deinem Seelenpotential.
Ü: Du bist wie ein Gefäß, das mit vielen Kostbarkeiten gefüllt ist. Nur notwendige Aktivitäten lösen sich aus deinem Seelengrund und dringen in dein Bewußtsein.
N: Dein Einblick in deine Vergangenheit zeigt dir nur das, was du im Jetzt wie die Ergänzung eines Puzzlespieles benötigst. Lerne, mit dem Wissen umzugehen. Wende es an.
T: Du trägst in dir die Fähigkeit, über deine Körpernatur weise und liebevoll zu regieren.

H: Verbinde den Himmel mit der Erde und halte gerecht das Gleichgewicht.
E: Alles bringt sich durch deinen Körper zum Ausdruck. Bringe Übereinstimmung in deine Gedanken, Gefühle und Handlungen.
R: Lerne, deine Fähigkeiten zu lieben und richtig einzusetzen. Verbinde in Liebe Geist und Körper, und es werden sich neue Erkenntnisse eröffnen.

(G)ÜN(T)HE(R)

Der erste Buchstabe *G:* Gestalte dein Leben mit deinen Vorstellungen, verwirkliche deine Pläne.
Der mittlere Buchstabe *T:* Die Kraft des Siegers ist dir zueigen.
Der letzte Buchstabe *R:* Nur mit Liebe kann sich ein wahrer Sieg vollziehen. Nimm dein Leben in beide Hände. Deine Kraft wird dich immer wieder auf deine Füße stellen. Glaube an dich, an deine Werte! An die Kraft deiner Seelennatur und an das göttliche Gut in dir. Deine Siegeshymne heißt Liebe, nur mit ihr kannst du ein glückliches, zufriedenes Leben führen.

Hans

Es liegt in der Seelennatur als geistiges Gut:

H: Gleichgewicht, Balance und Gerechtigkeit.
A: Eine Fülle geistiger Qualitäten; hohe Leistungsfähigkeit.
N: Vergangenes mit Gegenwärtigem zu verbinden.
S: Lebenskraft, Stabilität, Vitalität, geistige und physische Stärke.
Wenn sich die Persönlichkeit behauptet und nur noch der Materie Aufmerksamkeit schenkt, ergeben sich Verzerrungen in der Lebensqualität und in der Ausdrucksform.

h: Man mutet sich zuviel zu. Man verausgabt und überfordert sich selbst. Ideen können sich nicht realisieren, Illusionen zerplatzen wie Seifenblasen.

a: Das kann Groll gegen die Umwelt und den Partner hervorrufen, denen man die Schuld an den Schwierigkeiten zuschiebt. Der dadurch entstehende Frust wird wie ein zusammengeschnürtes Paket im Rucksack verstaut.

n: Man neigt dazu, alte Verhaltensweisen hochzuspielen und kann die Vergangenheit nicht ruhen lassen. Alte Weltbilder werden festgehalten. In der eigenen Entfaltung und Entwicklung fühlt man sich eingeengt.

s: Das wiederum kann ein scharfes, hartes Wort hervorrufen, das schmerzlich für die Umwelt sein kann. Letztlich fühlt sich das Ego dadurch verletzt und leidet. Das kann Spannungen hervorrufen, die sich stark ums Herz legen. Frust und Druck lassen oftmals den inneren Vulkan aufflammen.

Was kann gelernt werden?

H: Lerne, dein Gleichgewicht herzustellen, denn über deine intuitive Veranlagung fließt ein Strom der Versorgung aus deiner höchsten Quelle. Alles ist bereits in dir, nur dein Tagesbewußtsein hat es noch nicht registriert. Setze deinen Gerechtigkeitssinn noch stärker ein und lerne, die Balance zu halten.

A: Deine Fähigkeit, mit deinen Gaben umzugehen, umfaßt deine Arbeitsbereiche.

N: Begreife dein geistiges Potential, dort ist unendlich viel gespeichert, was sich über deinen Seelenkanal in dein Bewußtsein verlagert. Du hast die Gabe, auf dein vergangenes Wissen zurückzugreifen, um es in diesem Leben zum Tragen zu bringen. Nutze deine Talente! Lerne, der Vergangenheit, die dich belastet, zu vergeben!

S: Deine Gesundheit, deine Körpersituation spiegeln alle inneren Zustände wider, und du könntest bereits an deiner Lebenssituation ersehen, wieviel geistiges Gut bereits verwirklicht ist. Benutze die Gaben des Geistes.

(H)(AN)(S)

Der erste Buchstabe *H:* Lerne, die tragende Kraft deiner geistigen, göttlichen Natur anzuerkennen.
Die mittleren Buchstaben *A, N:* Arbeite mit deiner Lebenskraft und deinen geistigen Anlagen. Sie führen dich deinem Ziel entgegen.
Der letzte Buchstabe *S:* Begreife die feurige Energie deines wahren geistigen Zustandes und lerne, deine Körpermaterie damit zu lenken. Geist lenkt Materie! Knüpfe Verbindungen nach oben und nach unten. Deine Lebensqualität weist die stabile Haltung auf. Lerne, deine göttliche Gegenwart zu finden. Wenn du in dir den Halt gefunden hast, kannst du auch der Umwelt eine Stütze sein. Ausgewogenheit ist deine Grundanlage. Nutze sie in Liebe. Werde wie Licht und trage es in deine Welt.

Harald

Es liegt in der Seelennatur als geistiges Gut:

H: Gleichgewicht, Balance und Gerechtigkeit.
A: Eine Fülle geistiger Qualitäten; hohe Leistungsfähigkeit.
R: Die Gabe, das Leben zu lieben.
A: Hohe Belastbarkeit.
L: Das Leben bewußt zu erfüllen.
D: Schöpferische Fähigkeiten, um das Leben erfüllen zu können.

Wenn sich die Persönlichkeit behauptet und nur noch der Materie Aufmerksamkeit schenkt, ergeben sich Verzerrungen in der Lebensqualität und in der Ausdrucksform.

h: Man überfordert sich selbst. Der Ideenreichtum läßt sich nicht verwirklichen und Illusionen zerplatzen wie Seifenblasen.
a: Dadurch entsteht Groll gegen die Umwelt, weil man ihr die

Schuld daran gibt, daß sich die Träume nicht erfüllen können. Der Frust wird im Rucksack verstaut.
r: Die Forderungen an Partner und Umwelt nehmen laufend zu. Man fühlt sich ungeliebt und ist nicht bereit, zu verzeihen und auf den anderen zuzugehen.
a: Der Druck wächst, und es fällt dem Ego sehr schwer, mit den eigenen Bedürfnissen fertig zu werden. Wieder wird das unverarbeitete im Rucksack verstaut, und es gärt allmählich.
l: Das Ego möchte sich immer wieder bestätigt fühlen und versucht sich unter allen Umständen in den Mittelpunkt zu setzen. Die Persönlichkeit bläht sich auf wie ein Luftballon, dem viel zu schnell die Luft ausgeht.
d: Manchmal wird einem alles zuviel. Man fühlt sich eingeengt und unbeweglich, wobei die Umwelt dafür verantwortlich gemacht wird. Dies kann Bewegungsschwierigkeit hervorrufen.

Was kann gelernt werden?

H: Lerne, die Gabe deiner Gerechtigkeit und deinen Sinn für Ausgewogenheit zu benutzen.
A: Nutze deine Qualitäten und Talente auch in deinen beruflichen Angelegenheiten.
R: Deine Fähigkeit zu lieben ist dir mit auf den Weg gegeben worden, damit du dich aus deinen Fesseln und Beschränkungen befreien kannst. Nur mit Liebe kann es Befreiung geben.
A: Arbeite mit deiner Fähigkeit zu lieben.
L: Dann kann sich der nächste Schritt in deinem Leben zu deiner Zufriedenheit lösen.
D: Du hast alles in dir, was du benötigst, um dein Leben erfüllen zu können.

(H)A(RA)L(D)

Der erste Buchstabe *H:* Lerne die tragende Kraft deiner göttlichen Natur anzuerkennen.

Die mittleren Buchstaben *R, A:* Die Liebeskraft möchte dein Leben lenken, Liebe ist jene Kraft, die ganze Welten, Universen und alles Leben zusammenhält.
Der letzte Buchstabe *D:* In deiner Anlage ist das vorhanden, was für dich wichtig ist. Lerne zu lieben, dann gelangst du schnell ans Ziel deiner Wünsche.

Heinz

Es liegt in der Seelennatur als geistiges Gut:

H: Gerechtigkeit, Balance, Gleichgewicht.
E: Die Fähigkeit, Körper, Geist und Seele in Einklang zu bringen; ebenso Verstand, Gefühl und Handlung.
I: Intuition.
N: Die Fähigkeit, Vergangenes mit Gegenwärtigem zu verbinden.
Z: Die Kraft, in sich Himmel und Erde, Geist und Materie zu verbinden.

Wenn sich die Persönlichkeit behauptet und nur noch der Materie Aufmerksamkeit schenkt, ergeben sich Verzerrungen in der Lebensqualität und in der Ausdrucksform.

h: Man überfordert sich selbst, weil man sich zuviel zumutet. Die Ideen lassen sich nicht immer realisieren, und viele kleine Illusionen zerplatzen wie Seifenblasen. Dafür wird die Umwelt verantwortlich gemacht.
e: Oft kann es sein, daß man sich am liebsten in sein Schneckenhaus zurückziehen möchte. Trägheit erschwert den Alltag.
i: Ablehnende Gedanken und Gefühle behindern die Erfüllung der eigenen Bedürfnisse. Die Verneinung der eigenen Lebensenergie, die sich auch im Körper zum Ausdruck bringen möchte, wird blockiert. Dabei können der Wirbelsäulenbereich oder die Gelenke Schmerz signalisieren.

n: Durch das Festhalten alter Muster und Werte wird die eigene Entfaltungsmöglichkeit begrenzt.
z: Zynismus kann den Alltag beherrschen und den Umgang mit den Mitmenschen erschweren. Die Anforderungen des Lebens sind belastend und man möchte sich Luft machen. Das hat zur Folge, daß man leidet, es aber versucht zu vertuschen.

Was kann gelernt werden?

H: Du bist befähigt, gerecht zu sein. Lerne, mit deinen Gaben bewußt umzugehen, denn sie helfen dir bei deiner Entfaltung.
E: Dein Körper ist wie ein Barometer, alles kannst du an ihm ablesen. Verbinde durch deine intuitive Veranlagung deine Gedanken, Gefühle und Handlungen in Harmonie miteinander. Es ist dein Körper, es ist dein Leben.
I: Deine Intuition ist Bestandteil deiner göttlichen Natur. Laß sie bewußter in dein Leben ein.
N: Das Wissen vergangener Zeiten ist in dir gespeichert. Es kommt dir zu gute, wenn du lernst, dich mit deiner wahren Wesensnatur in Einklang zu bringen.
Z: Himmel und Erde miteinander zu verbinden sind hohe Ziele. Du trägst in dir die Gabe. Wende sie an! Der Himmel ist überall, und er liegt in deiner Liebe verborgen. Öffne dein Herz und beginne dich als eine Einheit im großen Ganzen zu erkennen. Geist und Materie verbinden sich in dir.

(H)E(I)N(Z)

Der erste Buchstabe *H:* Lerne die tragende Kraft deiner göttlichen Natur begreifen.
Der mittlere Buchstabe *I:* Erkenne deine Intuition in deinem Leben.
Der letzte Buchstabe *Z:* Verbinde durch Intuition und Liebe in dir Himmel und Erde, Vater und Mutter, Geist und Materie. Beide Polaritäten sind in dir. Durch das Erkennen der Einheit ergibt sich der Weg durch dein Leben. Du bist auf einer Pilger-

reise, und du lernst ständig etwas anderes. Freu dich, im Heute zu sein. Beginne mehr mit dem Vertrauen in deine Qualitäten zu arbeiten, und das Ziel rückt näher! Geh voller Mut und Selbstvertrauen, denn der Himmel ist in dir.

Helmut

Es liegt in der Seelennatur als geistiges Gut:

H: Balance, Gleichgewicht und Gerechtigkeitssinn.
E: Die Fähigkeit, Verstand, Gefühl und Handlung, Körper, Geist und Seele in Übereinstimmung zu bringen.
L: Die Gabe, das Leben zu erfüllen.
M: Die Fähigkeit, auf frühere Lebensabschnitte zurückzusehen, um das Wissen und die Erfahrungen früherer Zeiten in die Gegenwart einzubringen.
U: Die Gabe, wie ein Gefäß geöffnet zu sein für geistige Offenbarungen.
T: Die Gabe, über die eigenen Körperenergien zu siegen.

Wenn sich die Persönlichkeit behauptet und nur noch der Materie Aufmerksamkeit schenkt, ergeben sich Verzerrungen in der Lebensqualität und in der Ausdrucksform.

h: Viele Illusionen zerplatzen wie Seifenblasen, die eigene Überforderung nagt an der Gesundheits- und Gemütsverfassung. Ideen lassen sich nicht verwirklichen, und die Umwelt wird dafür verantwortlich gemacht. Oft kann es sein, daß das Festhalten an alten Traditionen und Verhaltensmustern den eigenen Fortschritt hemmt. Die Persönlichkeit macht sich stark, doch es entgleiten ihr gerade die Dinge, die sie festhalten möchte.
e: Durch Frust und Ärger über die eigenen Unzulänglichkeiten wird man oft ungerecht und verzieht sich in sein Schneckenhaus.
l: Doch der Drang der Persönlichkeit nach Anerkennung läßt sie nicht ruhen. Sie weiß immer wieder etwas Neues, um

sich in den Mittelpunkt zu stellen. Wie einem aufgeblasenen
Luftballon entgleitet ihr sehr schnell die Luft.

m: Dadurch kann eine Art der Resignation eintreten, und es
entsteht Trägheit und Unbeweglichkeit.

u: Das Gefäß wird begrenzt und klein. Es ist aufnahmebereit
für alles Naheliegende, Krankmachende und Destruktive.

t: Dadurch leidet das Ego. Dieses Leid kann sich im Wirbel-
säulen- oder Gelenkbereich schmerzhaft zum Ausdruck
bringen.

Was kann gelernt werden?

H: Erkenne die Fähigkeiten deiner Gaben, nutze deine Balance
und stelle das Gleichgewicht in dir her. Deine Gabe der
Gerechtigkeit hilft dir, Maß zu halten.

E: Verbinde durch die Kraft deiner intuitiven Veranlagung
deinen Verstand mit dem Gefühl und verwirkliche dich in
der liebevollen Handlung.

L: Lebe dein Leben bewußt im Einklang mit der geistigen und
der materiellen Welt.

M: Lerne, mit dem Wissen und den Erfahrungen, die aus deiner
Seelentiefe über deine Intuition aufsteigen, umzugehen.
Verbinde das Gestern mit dem Heute, Vergangenheit mit
Gegenwart und erkenne das Göttliche in allem.

U: Lerne, mit den Erfahrungen umzugehen und sie weiterhin
wachsen zu lassen zum Segen für dich und deine Welt.

T: Die Fähigkeit zum Sieg ruht in dir. Der Schlüssel, um den
wahren Sieg zu erleben, liegt in der Tiefe deiner göttlichen
Natur und heißt Liebe.

(H)E(LM)U(T)

Der erste Buchstabe *H:* Lerne, die Kraft deiner göttlichen Natur erkennen.

Die mittleren Buchstaben *L, M:* Lebe dein Leben und erfülle es
mit deinen in dir schlummernden Kräften. Laß die Liebe wachsen, damit sich dein Sieg in dir vollziehen kann.

Der letzte Buchstabe *T:* Erkenne deine wahren Werte und arbeite mit den Gaben, die dir in deinem jetzigen Leben zur Verfügung stehen. Verbinde in dir den Himmel, das Geistige, und die Erde, das Materielle. Verbinde in dir das Männliche mit dem Weiblichen, denn wenn Verstand und Gefühl vereint sind, ergeben sich Wege zur Vollendung. Es liegt allein an dir, deine Wege zu gehen, aber vergiß nicht: Ein Leben ohne Liebe ist wie ein Leben ohne Sonne. Deine Lebensqualität bringt durch dich die ständige Verbindung zum Licht und zugleich zur Erde zum Ausdruck. Bewahre deine Mitte, das Gleichgewicht und du wirst das Ziel mit der Liebe erreichen können.

Horst

Es liegt in der Seelennatur als geistiges Gut:

H: Gerechtigkeit, Balance, tragende Kraft.
O: Schöpferische Fülle, Schöpfungskraft.
R: Die Gabe, das Leben zu lieben.
S: Vitalität, Lebenskraft, Lebensenergie und Schwung.
T: Der Sieg über die Materie.

Wenn sich die Persönlichkeit behauptet und nur noch der Materie Aufmerksamkeit schenkt, ergeben sich Verzerrungen in der Lebensqualität und in der Ausdrucksform.

h: Viele Illusionen zerplatzen wie Seifenblasen. Man mutet sich zuviel zu und überschreitet dabei die Grenzen der körperlichen Möglichkeiten. Die Persönlichkeit bläht sich auf, doch vieles entgleitet einem.
o: Unzufriedenheit, Unruhe und Chaos können die Folge sein.
r: Die Forderungen an Partner und Umwelt nehmen zu, die Bereitschaft, selbst zu geben, ist gering. Die Sehnsucht nach Zärtlichkeit und Liebe wächst.
s: Aus innerer Unlust entsteht Ungerechtigkeit. Worte können verletzend werden.
t: Darunter beginnt man selber am meisten zu leiden, und

das Leid im Herz und Gemüt nimmt zu, bis das Kreuz schmerzt.

Was kann gelernt werden?

H: Lerne, in dir Harmonie zu entwickeln, und laß die Ausgeglichenheit in dir wachsen.
O: Deine schöpferischen Kräfte befähigen dich, viele Talente und Möglichkeiten zu nutzen.
R: Lerne, das Kraftfeld göttlicher Liebe zu erkennen und zu begreifen. Es ist dein Schlüssel für die noch verschlossenen Geheimtüren.
S: Deine Lebensenergie ist wie feurige Lava, wenn die Liebe sie regiert. Sie steigt auf, aber sie zerstört nicht. Dein Körper und deine individuelle Entwicklung können nur profitieren.
T: Lerne, deine Qualitäten und deine Erfahrungen mit deiner intuitiven Anlage zu verbinden. Der Sieg über deine Energien steht dann sehr nah. Nur mit Liebe ist der Sieg zu erreichen.

(H)O(R)S(T)

Der erste Buchstabe *H:* Lerne die tragende Kraft deiner göttlichen Natur begreifen.
Der mittlere Buchstabe *R:* Die Liebe erfüllt dein Leben.
Der letzte Buchstabe *T:* Einen Sieg zu erringen heißt, mit Liebe zu allem Leben erfüllt zu sein. Liebe heißt verbinden, heilen, trösten. Liebe ist die größte Kraft, die der Mensch nutzen kann. Sie ist ein Teil des Lebens und das Leben zugleich. Lerne zu lieben, um den Sieg zu verwirklichen. Verbinde Himmel und Erde in dir und erkenne deine Stärke. Es ist eine Liebe, die nicht fordert, sondern anderen hilft zu wachsen. Vertrau auf die Liebe, sie ist dein Lehrmeister!

Ingo

Es liegt in der Seelennatur als geistiges Gut:

I: Intuition.
N: Die Fähigkeit, Vergangenes mit Gegenwärtigem zu verbinden.
G: Die Gabe, in sich selbst ruhend zu sein, um sich verwirklichen zu können.
O: Die Kraft schöpferischer Fähigkeiten.

Wenn sich die Persönlichkeit behauptet und nur noch der Materie Aufmerksamkeit schenkt, ergeben sich Verzerrungen in der Lebensqualität und in der Ausdrucksform.

i: Man lehnt sich körperlich wie geistig ab.
n: Dadurch hält man das alte gewohnte Muster fest.
g: Das Ego wird durch diese Einengungen kurzsichtig, egoistisch, fordernd und kleinlich.
o: Ein Chaos könnte sich entwickeln. Unruhe und Unrast stellen sich ein. Oftmals beginnen sich kleine Haustyrannen zu entwickeln, weil sie mit ihrer eigenen Last nicht fertig werden.

Was kann gelernt werden?

I: Lerne, aus deiner Intuition zu schöpfen, vertraue ihr, denn sie steigt aus deiner wahren Seelennatur in dir empor.
N: Beginne mit deinem Wissen aus deiner Vergangenheit umzugehen. Verbinde deine Erfahrungen der früheren Lebensabschnitte mit deinem Jetzt. Es wird dir nur so viel Einsicht gestattet, wie für die Erreichung deines jetzigen Lebens notwendig ist.
G: Deine Gabe, in dir ruhend zu sein, sollte sich in deinem Alltag noch mehr zum Ausdruck bringen. Talente sind vorhanden, um verwirklicht zu werden, nutze sie.
O: Deine schöpferischen, kreativen Kräfte dienen deinem

Leben. Lerne, mit ihnen umzugehen. Alles ist in deiner Anlage enthalten, was für dich wichtig ist.

(I)(NG)(O)

Der erste Buchstabe *I:* Deine Intuition möchte dein Leben lenken.
Die mittleren Buchstaben *N, G:* Deine Fähigkeit der Verbindlichkeit ist ein Ausdruck deiner Liebe. Sie verschafft dir Zugang zum alten Wissen.
Der letzte Buchstabe *O:* Deine Fähigkeit, die schöpferische Fülle in dein Leben einzubringen, wird unterstützt von deiner Gabe zu lieben. In dem Maße, wie du deine geistige, göttliche Natur anerkennst, in dem Maße kann sie sich durch dich zum Ausdruck bringen. Deine Lebensqualität zeigt, daß die Fülle all dessen, was du für deine individuelle Entwicklung benötigst, in dir ist. Laß deine Liebe wachsen und achte das Leben in allen Bereichen!

Jochen

Es liegt in der Seelennatur als geistiges Gut:

J: Intuition und Erdung ruhen in dir.
O: Die Fülle schöpferischer Kräfte.
C: Die Gabe, neues geistiges Wissen ohne Vorbehalte aufnehmen zu können, um eigene Erfahrungen zu machen. Die Fülle des Geistes zu nutzen, ohne dabei auf Vergangenes zu blicken.
H: Die Gabe, auf beiden Beinen zu stehen, um Sicherheit und Halt zu vermitteln.
E: Die Gabe, Verstand, Gefühl und Handlung in Übereinstimmung zu bringen.
N: Die Fähigkeit, Vergangenes mit Gegenwärtigem zu verbinden.

Wenn sich die Persönlichkeit behauptet und nur noch der Materie Aufmerksamkeit schenkt, ergeben sich Verzerrungen in der Lebensqualität und in der Ausdrucksform.

j: Man erschwert sich das Leben, weil man umständlich reagiert. Die kleinen Fehler kann man sich selbst nicht verzeihen.

o: Ein Durcheinander von Gefühlen und Gedanken können ein Chaos hervorrufen, man erniedrigt sich selber.

c: An Kleinigkeiten kann man sich festbeißen. Man neigt dazu, alles zu ernst und verbissen zu betrachten und neigt zur Rechthaberei.

h: Das Ego muß zusehen, wie sich Ideen und Illusionen in Nichts auflösen.

e: Das tut weh und es kann dazu führen, daß man sich aus Angst vor Enttäuschung einigelt.

n: Trägheit und Unlust machen das Leben schwer. Altes wird festgehalten und Neues noch nicht angenommen. Niedergeschlagenheit kann sich oft in Aggression zum Ausdruck bringen.

Was kann gelernt werden?

J: Nutze die Kraft deiner Individualität. Über deine Intuition erfährst du deine geistigen Informationen. Bewahre deinen kühlen Verstand, um alles, was in dir aufsteigt, richtig erkennen zu können.

O: Die Fülle deiner schöpferischen Fähigkeiten und Talente stehen dir zur Verfügung. Lerne, mit deinen Gaben umzugehen, denn sie erfüllen dein Leben.

C: Deine Offenheit allem Neuen gegenüber erlaubt dir, eine Auslese für dich zu treffen, die für dich gut und richtig ist.

H: Lerne, das Gleichgewicht herzustellen, und höre auf die Stimme deines Herzens.

E: Verbinde mit dem Herzen deine Gedanken und Handlungen.

N: Dann kannst du auch den notwendigen Erkenntnisblitz haben, der dir deine nächsten Lebensschritte zeigt. Lerne und verbinde alles, was du als richtig erkennst; es sind deine neuen Fundamente, Grundpfeiler geistiger und physischer Natur.

(J)O(CH)E(N)

Der erste Buchstabe *J:* Dein Leben stellt dich immer wieder auf die Füße.
Die mittleren Buchstaben *C, H:* Deine Kraft ist ausgleichend und stärkend.
Der letzte Buchstabe *N:* Deine Verbindlichkeit ist ein Teil deiner Liebe. Lerne, mehr auf die zarte Vibration deiner Seelennatur zu lauschen, sie möchte dir das Wissen deiner früheren Erfahrungen zuteil werden lassen. Die Liebe öffnet dein Herz und auch die Tür zu deiner Seele. Übe dich in der Geduld und verfolge mit Ausdauer dein Ziel.

Jürgen

Es liegt in der Seelennatur als geistiges Gut:

J: Intuition und Erdung ruhen in dir.
Ü: Du bist wie ein Gefäß mit einem Inhalt, der für dein Leben wichtig ist.
R: Liebe.
G: Die Fähigkeit, in dir selbst ruhend zu sein, um dich zu verwirklichen.
E: Verstand, Gefühl und Handlung in Übereinstimmung zu bringen.
N: Die Gabe, Vergangenes mit Gegenwärtigem zu verbinden.
Wenn sich die Persönlichkeit behauptet und nur noch der Materie Aufmerksamkeit schenkt, ergeben sich Verzerrungen in der Lebensqualität und in der Ausdrucksform.
j: Man erschwert sich die kleinen Dinge des Alltags, weil man alles umständlich und kompliziert macht. Rechtha-

berei und Ablehnung erfolgen oft, man kann sich die eigenen Fehler nicht verzeihen.
ü: Man erniedrigt sich selbst und erkennt es nicht. Dadurch begrenzt man sich in jeder Richtung.
r: Die Forderungen an Partner und Umwelt nehmen zu, der Wunsch nach Zärtlichkeit und Liebe wächst, aber die Bereitschaft zu geben ist gering.
g: So lebt man lieber in der Vergangenheit und wird egoistisch und kleinlich.
e: Man neigt zur Trägheit und wird schwerfällig. Eingrenzungen und Beschränkungen bauen sich von allen Seiten auf. Man verschließt vor vielen Notwendigkeiten die Augen und isoliert sich gern.
n: Die eigenen Begrenzungen sind wie ein Gefängnis, und so hält man sich an alten Mustern fest, die einem vertraut erscheinen.

Was kann gelernt werden?

J: Lerne, die Kraft deiner Individualität anzuerkennen. Über deine Intuition fließen alle Informationen, die du für dein Leben benötigst. Lerne, auf die leise Stimme deiner Seelennatur zu hören und sie zu befolgen.
Ü: Begreife, daß du wie ein Gefäß bist, das gefüllt ist mit allen göttlichen Gaben.
R: Lerne, mit der Liebe umzugehen, denn sie ist das wichtigste in deinem Leben.
G: Dein Schicksal hat dich mit genügend Stärke ausgestattet, daß du immer wieder auf die Füße kommst.
E: Begreife, wie wichtig dein Körper ist, denn er ist dein einziges Ausdrucksmittel. Lerne, ihn zu schätzen, zu achten und zu pflegen.
N: Auch Verbindlichkeit ist ein Teil deiner Liebe. Verbindlichkeit kann helfen, im Leben vorwärtszukommen. Nutze deine Kräfte und deine Möglichkeiten.

(J)Ü(RG)E(N)

Der erste Buchstabe *J:* Durch Intuition und Erdung bist du gefestigt und mit den Beinen fest auf der Erde.
Die mittleren Buchstaben *R, G:* Die Liebe verleiht dir Kraft zum Leben.
Der letzte Buchstabe *N:* Sie stärkt dich. Du kannst lebenswichtige Erfahrungen machen, die für deine individuelle Entwicklung notwendig sind. Vertrau dir selber, deiner inneren Anlage und der Kraft, die dich hervorgebracht hat. Aus der Tiefe deiner Seele trägt deine Intuition Impulse in dein Tagesbewußtsein. Lerne, mit Liebe zu denken, zu fühlen, dann öffnen sich langsam die Schleier des Vergessens, und alles Wissen wird dir wieder offenbar. Es ist dein Weg, und du mußt lernen zu entscheiden, zu unterscheiden und zu handeln. Mit Liebe findest du das Richtige, und es wird für dich das Beste sein.

Karl

Es liegt in der Seelennatur als geistiges Gut:

K: Die Gabe, aus dem Geistigen zu schöpfen, um mit Feingefühl die Materie zu lenken.
A: Die Fähigkeit, mit der innewohnenden Kraft zu arbeiten, hohe Leistungsfähigkeit, hohe Belastbarkeit.
R: Liebe zum Leben.
L: Die Kraft, das Leben zu erfüllen.
Wenn sich die Persönlichkeit behauptet und nur noch der Materie Aufmerksamkeit schenkt, ergeben sich Verzerrungen in der Lebensqualität und in der Ausdrucksform.
k: Ein kleinliches und kompliziertes Denken und Handeln stellt sich ein.
a: Die Arbeit fällt einem schwer, und der Frust wird im Rucksack versteckt.
r: Die Persönlichkeit stellt Forderungen an Partner und Um-

welt. Diese Forderungen sind größer als die Bereitschaft, selber zu geben. Es können Spannungen entstehen, die sich langsam im ganzen Körper manifestieren.

l: Die Persönlichkeit fühlt sich oftmals unbeachtet und beginnt sich in den Mittelpunkt zu setzen. Sie bläht sich auf wie ein Luftballon und verausgabt sich ebenso schnell. Gereizte und aggressive Zustände können dies begleiten.

Was kann gelernt werden?

K: Lerne, mit dem Herzen zu denken und zu fühlen, denn dein Verstand ist nur ein kleiner Teil deines Wesens.
A: Lerne, mit dem Gefühl zu entscheiden und zu arbeiten. Durch die harmonische Verbindung deiner mentalen und emotionalen Ebene werden sich viele Dinge in deinem Leben einfacher gestalten. Lerne und arbeite.
R: Mit der Liebe, die tief in deinem Herzen verankert ist, erreichst du dein Ziel. Denn die Liebe ist deine starke Anlage.
L: Lerne, dein Leben bewußt in beide Hände zu nehmen, und erfülle es mit Liebe, mit Selbstbewußtsein und Achtung.

(K)(AR)(L)

Der erste Buchstabe *K:* Verbinde Geist und Materie.
Die mittleren Buchstaben *A, R:* Arbeite und liebe,
Der letzte Buchstabe *L:* damit sich dein Leben erfüllen kann.
Deine Lebensqualität zeigt deutlich deine Fähigkeit. Nutze deine Gaben und Kräfte, arbeite mit ihnen, denn deine Möglichkeiten fließen aus der Quelle deines Geistes. Lerne, die Liebe zu pflegen, und beginne deine Arbeit, geistig, wie physisch mit einem Gebet. Denn im Geben ist das Gebet und die Liebe zu finden. Geh deine Wege im Vertrauen auf die Kraft jener Liebe, die du als göttlich bezeichnest.

Klaus

Es liegt in der Seelennatur als geistiges Gut:

K: Die Gabe, aus dem Geistigen zu schöpfen, um mit Feingefühl die Materie zu lenken.
L: Die Gabe, das Leben zu erfüllen.
A: Arbeitsfreude, hohe Belastbarkeit und Leistungsfähigkeit.
U: Die Fülle geistigen Wissens ruht in dir.
S: Lebenskraft, Vitalität, Stabilität.

Wenn sich die Persönlichkeit behauptet und nur noch der Materie Aufmerksamkeit schenkt, ergeben sich Verzerrungen in der Lebensqualität und in der Ausdrucksform.

k: Ein kleinliches und kompliziertes Denken und Handeln stellt sich ein.
l: Das Ego nimmt sich selbst gern wichtig.
a: Das, was als unangenehm empfunden wird, rutscht in den Rucksack.
u: Man erniedrigt sich selbst und macht sich klein. Für Äußerlichkeiten ist man dadurch anfälliger und aufnahmefähiger für das Naheliegende, Destruktive.
s: Die Unzufriedenheit kann oft Aggressionen hervorrufen, und Worte können sehr verletzen.

Was kann gelernt werden?

K: Lerne, durch die Intuition aus dem Geist zu schöpfen, um das Erlernte in der Materie zum Ausdruck zu bringen. Dein Körper ist dein Barometer, an dem du deine innere Haltung ablesen kannst.
L: Lebe dein Leben, bewußt und voller Freude. Bringe deinem Körper sowie allem Leben Achtung und Liebe entgegen.
A: Arbeite ausgewogen mit den Fähigkeiten deiner geistigen Natur und mit deinem klaren Verstand.
U: Am Grunde deines Gefäßes sind die Schätze der Weisheit.

Um sie zu heben, benötigst du die Öffnung des Herzens, die Liebe. Du bist wie ein Gefäß, gefüllt mit Kostbarkeiten.
S: Deine Lebenskraft kann durch deinen Körper planmäßig fließen, wenn du bereit bist, deine geistige, göttliche Natur anzuerkennen.

(K)L(A)U(S)

Der erste Buchstabe *K:* Verbinde deinen Verstand mit dem Herzen.
Der mittlere Buchstabe *A:* Arbeite und nutze deine Intuition.
Der letzte Buchstabe *S:* Laß deine Lebensenergie aktiv werden, bis sich dein Körper als ein Instrument des Geistes fühlt. Vitalität und Gesundheit entsprechen deiner Anlage. Lerne, mit deiner Lebenskraft zu haushalten, und sei dankbar, einen Körper zu haben, durch den du dich zum Ausdruck bringen kannst. Sei dankbar für die Liebe, die du empfangen und geben kannst. Sei dankbar für das Leben und schätze den Augenblick.

Lothar

Es liegt in der Seelennatur als geistiges Gut:

L: Die Gabe, das Leben bewußt zu erfüllen.
O: Die Fülle schöpferischer Kräfte.
T: Die Kraft des Sieges über die Körpernatur.
H: Die Gabe, das Gleichgewicht, die Ausgewogenheit zu halten; Gerechtigkeit.
A: Hohe Leistungsfähigkeit.
R: Liebe zum Leben.

Wenn sich die Persönlichkeit behauptet und nur noch der Materie Aufmerksamkeit schenkt, ergeben sich Verzerrungen in der Lebensqualität und in der Ausdrucksform.
l: Die Persönlichkeit beherrscht das Lebensspiel, verausgabt sich aber schnell.

o: Dadurch kann sich schnell innere Unruhe und ein kleines Chaos bilden.
t: Unter diesen Spannungen leidet das Ego.
h: Illusionen zerplatzen wie Seifenblasen. Die Persönlichkeit versucht sich stark zu machen, aber alles entgleitet ihr.
a: Der ganze Frust wird im Rucksack verstaut.
r: Die Forderungen an Partner und Umwelt sind größer als die Bereitschaft selbst zu geben.

Was kann gelernt werden?

L: Achte deine geistige Natur.
O: Öffne dein Herz, damit die schöpferischen Fähigkeiten dein Bewußtsein erreichen können.
T: Beginne zu begreifen, wie wichtig deine Gaben sind. Lerne, über den Dingen zu stehen, damit du zum Ziel gelangst.
H: Wenn du mit Gerechtigkeit den Ausgleich in dir herstellst, gibt es einen geistigen und einen materiellen Teil, der sich durch dich zum Ausdruck bringt. Deine Intuition stärkt dich, so daß sich die Kraft deiner göttlichen Natur durch dein ganzes Wesen zum Ausdruck bringen kann.
A: Arbeite unermüdlich mit deinen Gaben, damit du dich verwirklichen kannst.
R: Mit Liebe kannst du alles erreichen. Lerne das geistige Potential zu nutzen.

(L)O(TH)A(R)

Der erste Buchstabe *L:* Nimm dein Leben in beide Hände. Erfülle es.
Die mittleren Buchstaben *T, H:* Deine Kraft liegt in deiner intuitiven Veranlagung und der Bereitschaft, Gleichgewicht zu halten.
Der letzte Buchstabe *R:* Die Fähigkeit zu lieben, läßt den Sieger in dir wachsen. Öffne dein Herz noch mehr und erkenne deine Stärke. Körper, Geist und Seele sind eine Einheit. Das Göttliche offenbart sich in der Einheit, der Mensch beginnt

diese Einheit zu zerpflücken. Was dir dann bleibt, sind Bruchstücke. Kehre zurück zur Einheit und erkenne dich im Spiel des Lebens.

Manfred

Es liegt in der Seelennatur als geistiges Gut:

- *M:* Die Fähigkeit, auf altes Wissen zurückzuschauen und Einblick nehmen zu können in frühere Lebensabläufe.
- *A:* Hohe Leistungsfähigkeit und Belastbarkeit.
- *N:* Die Gabe, Vergangenes mit Gegenwärtigem zu verbinden.
- *F:* Die Fähigkeit, Frieden in sich zu verwirklichen.
- *R:* Die Gabe zu lieben.
- *E:* Die Gabe, Körper, Geist und Seele, Verstand, Gefühl und Handlung in Einklang zu bringen.
- *D:* Die Kraft, mit geistiger Fülle das Leben zu meistern.

Wenn sich die Persönlichkeit behauptet und nur noch der Materie Aufmerksamkeit schenkt, ergeben sich Verzerrungen in der Lebensqualität und in der Ausdrucksform.

- *m:* Man fühlt sich klein und erniedrigt, unscheinbar und nicht fähig, eine Anforderung erfüllen zu können.
- *a:* Das belastet, und sofort verschwinden alle Unklarheiten im Rucksack.
- *n:* Es kann sein, daß man sich eingeengt fühlt und an alten Dingen festhält.
- *f:* Die Persönlichkeitsprägung kann jedoch so stark sein, daß man sich an die Materie bindet.
- *r:* Dadurch wachsen die Forderungen an Partner und Umwelt. Die Erwartungen sind groß, die Bereitschaft, selbst zu geben ist gering.
- *e:* Man sieht zwar, wo Veränderungen stattfinden sollten, aber man schiebt sie vor sich her. Trägheit und Schwerfälligkeit breiten sich aus.
- *d:* Das Ego hält sich an der Vergangenheit fest, in der alles

besser und schöner war, das legt sich wie eine schwere Kugel um die Beine, und behindert die Beweglichkeit. Groll und Mißgunst können den Zustand noch verstärken.

Was kann gelernt werden?

M: Begreife die Einzigartigkeit deiner wahren Wesensnatur. Alles ist in dir gespeichert und möchte sich dir wieder offenbaren.
A: Arbeite mit der Kraft deiner intuitiven Veranlagung.
N: Lerne, verbindlicher zu sein, und entdecke die Verbindungen.
F: In dir sind Geist und Materie zu finden. Die verbindende Kraft schlummert in deinem Herzen. Lerne, deine Gabe des Friedens zu verwirklichen, und beginne bei dir.
R: Liebe und Frieden sind deine Stärken, lerne damit intensiver umzugehen.
E: Dann kann sich in deinem Körperelement Übereinstimmung zum Ausdruck bringen. Verbinde in dir Gedanken, Gefühle und Handlungen zu einer Linie.
D: Nutze die Kraft deines Geistes, um dein Leben zu erfüllen.

(M)AN(F)RE(D)

Der erste Buchstabe *M:* Begreife, daß deine Seelennatur seit Ewigkeiten besteht.
Der mittlere Buchstabe *F:* Erkenne, daß deine Seelennatur erfüllt ist vom schöpferischen Klang des Friedens.
Der letzte Buchstabe *D:* Erkenne, daß in dir viele erfüllende Kräfte vorhanden sind, um dich durch dein Leben zu begleiten.
Altes Wissen kommt dir zugute, wenn du lernst, mit Liebe und Frieden an dir zu arbeiten. Wende deine Stärken an und arbeite mit deinen Qualitäten. Deine Liebe befähigt dich, deine Lebenssituationen zu erfüllen. Geh deinen Weg voller Mut und Vertrauen auf deinen inneren Frieden.

Markus

Es liegt in der Seelennatur als geistiges Gut:

M: Einblick in zurückliegende Lebenssituationen.
A: Eine Fülle geistiger Aktivitäten, hohe Leistungsfähigkeit, Arbeitsfreude.
R: Liebe zum Leben.
K: Die Gabe, aus dem Geiste zu schöpfen.
U: Die Gabe, wie ein Gefäß geöffnet zu sein für neue geistige Offenbarungen.
S: Lebensenergie, Stärke, Vitalität und Stabilität.

Wenn sich die Persönlichkeit behauptet und nur noch der Materie Aufmerksamkeit schenkt, ergeben sich Verzerrungen in der Lebensqualität und in der Ausdrucksform.

m: Man erniedrigt sich selbst und eine gewisse Schwerfälligkeit kann den Alltag belasten. Unsicherheit und Komplexe können das Ego leiden lassen.
a: Alles Leid wird im Rucksack verstaut.
r: Die Erwartungen in Umwelt und Partner sind sehr groß, die eigene Bereitschaft zu geben ist gering. Es kann sein, daß sich Kleinlichkeit und Kritiksucht einstellen. Der Wunsch nach Liebe und Zärtlichkeit wächst.
k: Kompliziertes Denken und umständliches Handeln können alles noch schwerer erscheinen lassen. Es fällt einem schwer, etwas loszulassen.
u: Da man sich zu unscheinbar fühlt und seine eigenen Fähigkeiten unterschätzt, macht sich Unzufriedenheit breit. Dadurch wird man offen für alles Naheliegende, Destruktive.
s: Man versucht, sich zu rechtfertigen und nimmt eine Oppositionshaltung ein. Worte können verletzen. Das Ego fühlt sich verletzt.

Was kann gelernt werden?

M: Lerne, die Möglichkeiten deiner geistigen Natur zu schätzen und zu nutzen. All deine Ahnungen steigen aus der Tiefe deiner Seelennatur in dein Bewußtsein empor, um dir die Wege zum Ziel zu zeigen. Vergangenes Wissen fließt dir über deine Intuition wieder zu, damit du dein Leben besser erfüllen kannst.
A: Lerne, mit deinem Herzen zu arbeiten, damit das geistige Gut ins Fließen kommt.
R: Arbeite mit der Liebe, damit sich dein Lebensplan erfüllen kann.
K: Benutze die Kraft deines geistigen Potentials und beginne, mit Liebe deine Körperenergien zu lenken.
U: Du bist wie ein Gefäß, in dem viele Kostbarkeiten vorhanden sind. Deine Liebe und deine Intuition helfen dir, deine vorhandenen Schätze zu heben.
S: Deine Kraft zu lieben läßt auch deine Lebensenergie fließen. Lerne deshalb, deinen Körper als Ausdrucksform deiner geistigen Natur zu achten.

(M)A(RK)U(S)

Der erste Buchstabe *M:* Erkenne dich und begreife, daß deine Seele seit ewigen Zeiten besteht.
Die mittleren Buchstaben *R, K:* Nutze deine Gabe, durch Liebe zu lenken.
Der letzte Buchstabe *S:* Alle deine Energien folgen dem Wort deiner Seele, deines Geistes. Lenke sie in und durch deinen Körper. Atme tief und bewußt und erfahre die gewaltige Kraft deiner Gabe, denn dein Atem folgt deinem Gedankengang. Laß das Gefühl der Liebe hinzukommen, und dein Atem versorgt dich aufbauend und stärkend. Verbinde deine geistigen Fähigkeiten mit deinen materiellen, physischen Kräften, und dein Körper ist erfüllt mit Lebenskraft und allem, was du unter Heilsein verstehst. Folge dem Ruf deiner Seele, folge dem Licht und der Liebe. Du trägst es in dir. Vertraue auf das, was dich erfüllt.

Norbert

Es liegt in der Seelennatur als geistiges Gut:

N: Die Gabe, Vergangenes mit Gegenwärtigem zu verbinden.
O: Die Fülle schöpferischer Kräfte.
R: Liebe zum Leben.
B: Die Gabe, das Gleichgewicht zwischen Geist und Materie herzustellen.
E: Gedanken, Gefühle und Handlungen in Übereinstimmung zu bringen.
R: Die Fähigkeit zu lieben.
T: Die Kraft, über die Körpermaterie zu siegen.

Wenn sich die Persönlichkeit behauptet und nur noch der Materie Aufmerksamkeit schenkt, ergeben sich Verzerrungen in der Lebensqualität und in der Ausdrucksform.

n: Man klammert sich zu sehr an Vergangenes und verbaut sich dadurch den Zugang zu Neuem. Trüb und träge kann sich der Alltag gestalten.
o: Manchmal kann sich Unruhe einschleichen, die zum inneren Chaos führt.
r: Die Forderungen an Partner und Umwelt können zunehmen. Die Bereitschaft zu geben ist gering.
b: Dadurch schränkt man sich selbst sehr ein und hat ein gestörtes Verhältnis zum Körper. Unzufriedenheit mit sich und der Welt können entstehen.
e: Oft möchte man sich dem Alltag entziehen und verschließt sich so den äußeren Angeboten. Man fühlt sich unverstanden und zieht sich ins Schneckenhaus zurück.
r: Man verschließt sich der Liebe.
t: Das Ego leidet unsagbar, ist aber nicht bereit, Veränderungen einzubringen. Der Schmerz legt sich auf Herz und Gemüt, so daß starke Gefühlsausbrüche und tiefer Weltenschmerz entstehen können.

Was kann gelernt werden?

N: Lerne, das anzunehmen, was aus der Tiefe deines Wesens emporsteigt. Verbinde diese Impulse mit deinem Verstand und wäge sie ab.
O: In deinem Innersten ist alles vorhanden, eine Fülle schöpferischer Fähigkeiten. Nutze die Kraft deiner geistigen Natur. Die Offenbarung liegt in dir.
R: Sie heißt Liebe! Deine göttliche Natur ist Bestandteil der einen großen universellen Liebe, deshalb ist deine Grundanlage Liebe. Lerne, mit ihr richtig umzugehen, und lasse sie wachsen.
B: Lerne, das Gleichgewicht herzustellen zwischen deiner geistigen und deiner materiellen Natur. Geist und Materie stellen in dir eine Einheit dar. Dein Körper ist dein Ausdrucksmittel. Achte, pflege und liebe ihn.
E: Durch ihn kannst du dich ausdrücken in Worten, Gefühlen und Handlungen. Beginne, Gedanken, Gefühle und Handlungen in Übereinstimmung zu bringen.
R: Du benötigst den Schlüssel, um in dir alle Türen öffnen zu können. Es ist die Gabe der Liebe. Liebe deinen Partner mit dem Herzen, und er öffnet sich dir. Liebe in deinem Partner das Göttliche, und seine Seele offenbart sich dir.
T: Durch diese eine Kraft bist du in der Lage zu siegen.

(N)OR(B)ER(T)

Der erste Buchstabe *N:* Verbinde deine Erfahrungen der Vergangenheit mit deinen Erkenntnissen der Gegenwart.
Der mittlere Buchstabe *B:* Stelle sanft und einfühlend das Gleichgewicht in dir her. Verbinde oben und unten, erkenne die Einheit.
Der letzte Buchstabe *T:* Dein Sieg wartet auf dich, er steht dir zu. Aber es liegt einzig und allein an dir, wann du ihn erringst.
Deine Gaben der Liebe sind verankert in deinem Herzen, denn sie strömen aus deinem geistigen Urgrund über deine intuitive Veranlagung in dein Bewußtsein. Auch die Liebe deines Körpers ist für dein Leben wichtig um das Verbinden zu lernen. Du

trägst in dir Kostbarkeiten. Achte das Leben, denn es ist einzigartig. Nutze deine Talente der schöpferischen Möglichkeiten und handle in der Betrachtung der Liebe. Alles, was du mit dem Herzen tust, wird dich deinem Sieg einen Schritt näherbringen.

Oskar

Es liegt in der Seelennatur als geistiges Gut:

- O: Eine Fülle schöpferischer Kräfte und Fähigkeiten.
- S: Lebenskraft und Stabilität, Vitalität.
- K: Die Gabe, aus dem Geiste zu schöpfen und die Materie zu lenken.
- A: Arbeitsfreude, hohe Leistungsfähigkeit.
- R: Die Gabe der Liebe.

Wenn sich die Persönlichkeit behauptet und nur noch der Materie Aufmerksamkeit schenkt, ergeben sich Verzerrungen in der Lebensqualität und in der Ausdrucksform.

- o: Unruhe erfüllt das Ego.
- s: Dadurch kann sich eine gesteigerte Empfindlichkeit einstellen, die sich dann durch scharfe Worte ausdrückt.
- k: Kleinliches und umständliches Denken und Handeln können den Alltag erschweren.
- a: Der angestaute Frust und alles, was als Unzufriedenheit zu verzeichnen ist, landen im Rucksack.
- r: Die Erwartungen und die Forderungen an Partner und Umwelt nehmen laufend zu. Die eigene Bereitschaft zu geben ist jedoch gering. Man erwartet Veränderungen von den anderen.

Was kann gelernt werden?

- O: Erkenne die Fülle deiner geistigen Fähigkeiten und Möglichkeiten.
- S: Lerne, deine Körperenergien besser zu lenken, denn der

Körper ist dein Instrument, das mit Behagen oder mit Unbehagen auf deine Gedanken und Gefühle reagiert.
K: Begreife, daß deine Intuition dir dazu verhilft, in dir selber stabiler zu werden. Nutze deine geistigen Anlagen und beginne, diese mit dem Herzen zu erfassen, um dementsprechend zu handeln.
A: Deine Schaffenskraft kann von deiner geistigen Natur derart gestärkt werden, daß du sehr hohe Leistungsfähigkeit in all deinen Angelegenheiten verwirklichen kannst.
R: Erkenne, daß ein Leben ohne Liebe wie ein Leben ohne Sonnenlicht wäre. Lerne, deine Gefühle anzunehmen. Lerne dich selber besser kennen und betrachte dich und dein Umfeld als eine Lernphase.

(O)S(K)A(R)

Der erste Buchstabe O: Die schöpferische Fülle kann genutzt werden.
Der mittlere Buchstabe K: Deine intuitive Veranlagung ist für dich greifbar.
Der letzte Buchstabe R: Lerne, mit deiner Liebe den Zugang zu deiner wahren göttlichen Natur wiederherzustellen. Liebe ist und bleibt ein Zauberwort. Die Kraft der Liebe befähigt dich, kleine Wunder zu vollbringen.

Otto

Es liegt in der Seelennatur als geistiges Gut:

O: Die Fülle schöpferischer Kräfte.
T: Die Gabe zu siegen.
T: Die Gabe, über die Körpermaterie zu siegen.
O: Die Fähigkeit, die schöpferischen Kräfte zum Segen des Lebens einsetzen zu können.

Wenn sich die Persönlichkeit behauptet und nur noch der Materie Aufmerksamkeit schenkt, ergeben sich Verzerrungen in der Lebensqualität und in der Ausdrucksform.

o: Unruhe und Unzufriedenheit können zu einem inneren Chaos führen.
t: Das Ego leidet. Die Lebensenergie wird dadurch gedrosselt, und im Körper spiegelt sich das wider, was sich im innersten abspielt.
t: Das Leiden manifestiert sich im Kreuz.
o: Die Unzufriedenheit wandelt sich oft in Aggression und kann den Alltag und das Zusammenleben mit einem Partner erschweren.

Was kann gelernt werden?

O: Lerne, mit deinen Talenten umzugehen.
T: Verlaß dich auf deine intuitive Gabe und lerne, mehr Vertrauen zu deiner inneren Stimme zu entwickeln.
T: Die Gabe des Siegers ist in dir verankert. Ein Sieg kann nur mit Liebe errungen werden.
O: Deine schöpferische Natur meldet sich in der Tiefe deines Herzens wie eine zarte Vibration, die dich aufmerksam machen möchte. Deine tiefe Sehnsucht nach Vollkommenheit, nach Perfektion, ist eine Antwort auf deine Fragen. Denn in dir ist eine Idealvorstellung von einem vollkommenen Menschen. Diesen zu suchen, wäre vergeblich, denn der Mensch hat Schwächen. Wissen bedeutet nicht, daß es bereits Verwirklichung ist. Deshalb lerne, dein Idealbild zu verwirklichen.

(O)(TT)(O)

Der erste Buchstabe O: Die Fülle deiner Seelennatur offenbart sich.
Die mittleren Buchstaben T, T: Deine Intuition gibt dir die Kraft zu siegen.
Der letzte Buchstabe O: Durch deine schöpferischen, kreativen Möglichkeiten steht dir der Himmel offen. Dein Leben kann

bereits zum Himmel auf Erden werden, wenn du im Einklang mit der Liebe aus der höchsten Quelle lebst.

Peter

Es liegt in der Seelennatur als geistiges Gut:

P: Die Gabe der mentalen Intuition.
E: Die Fähigkeit, Verstand, Gefühl und Handlung in Übereinstimmung zu bringen.
T: Die Kraft, den Sieg über die eigene Körpermaterie zu gewinnen.
E: Einklang in Körper, Geist und Seele herzustellen.
R: Die Kraft zu lieben.

Wenn sich die Persönlichkeit behauptet und nur noch der Materie Aufmerksamkeit schenkt, ergeben sich Verzerrungen in der Lebensqualität und in der Ausdrucksform.

p: Man stolpert über die eigenen kleinen Widerwärtigkeiten. Man versucht, seinen Kopf durchzusetzen, ist kleinlich und egoistisch.
e: Manchmal schämt man sich deswegen und würde sich am liebsten in ein Schneckenhaus zurückziehen, um von dort aus lauernd die Umgebung betrachten zu können.
t: Die eigene Härte läßt Begrenzungen entstehen, die körperlichen Schmerz hervorrufen können.
e: Man wird träge und schwerfällig. Veränderungen schiebt man vor sich her.
r: Liebe wird gefordert, Forderungen ergehen an Partner und Umwelt. Kleinlich und egoistisch versucht sich die Persönlichkeit bemerkbar zu machen. Die Kritiksucht nimmt zu.

Was kann gelernt werden?

P: Dein mentales Potential ist gewaltig, lerne, es über dein Gefühl und über deine Intuition umzusetzen.

E: Dein Körper ist dein momentan wichtigstes Ausdrucksmittel. Lerne, seine Bedürfnisse zu erfüllen, und achte auf seine Signale.
T: Dein Leben kann mit Sieg und Erfolg erfüllt sein, wenn du lernst, mit Einfühlungsvermögen zu arbeiten. Deine Fähigkeit läßt dich über den Dingen stehen, wenn du bereit bist, deine innewohnenden Kräfte anzunehmen.
E: Lerne, deine mentalen und emotionalen Bereiche zu verbinden, um eine liebevolle bewußte Handlung erzielen zu können.
R: Nur die Liebe kann dies vollziehen. Solange es nur körperliche Liebe ist, bleibt es eine Einseitigkeit. Die Liebe sollte alle Regionen in dir durchdringen. Die Anlage ist vorhanden.

(P)E(T)E(R)

Der erste Buchstabe *P:* Lerne, das Wissen aus deiner Mentalebene über deine Intuition und über dein Gefühl in dein Leben einzubringen.
Der mittlere Buchstabe *T:* Nur mit Liebe kann ein wahrer Sieg erzielt werden.
Der letzte Buchstabe *R:* Liebe ist deine Stärke. Nur durch sie kannst du das erreichen, was du als Ziel erkennst. Liebe befähigt dich, über deiner Materie zu stehen. Sie sollte wachsen können, indem du deine wahre Wesensnatur anerkennst.

Philipp

Es liegt in der Seelennatur als geistiges Gut:

P: Die Gabe der mentalen Intuition.
H: Balance und Gleichgewicht.
I: Intuition.
L: Das Leben bewußt erfüllen zu können.

I: Aus der Quelle des Geistes zu schöpfen.
P: Die Kraft der Gedanken zu nutzen.
P: Und diese Energien über das Gefühl in die Materie zu lenken.

Wenn sich die Persönlichkeit behauptet und nur noch der Materie Aufmerksamkeit schenkt, ergeben sich Verzerrungen in der Lebensqualität und in der Ausdrucksform.

p: Man klammert sich fest an die materiellen Werte und übersieht dabei alles, was das Leben schön und lebenswert macht.
h: Die Persönlichkeit bläht sich gern auf, aber es entgleiten ihr gerade die Dinge, die sie festhalten möchte. Ideen zerfließen, Illusionen zerplatzen wie Seifenblasen. Dadurch kann sich Ungerechtigkeit und aggressives Verhalten einstellen.
i: Es kann sein, daß man sich dadurch erniedrigt fühlt. Aber man versucht, unter allen Umständen die Materie festzuhalten.
l: Immer wieder setzt sich die Persönlichkeit in den Mittelpunkt. Sie bläht sich auf wie ein Luftballon, dem allzu schnell die Luft entweicht.
i: Darunter leidet das Ego und verschließt sich immer mehr den gefühlsmäßigen Verbindungen. Die Lebensenergie wird gedrosselt und gestaut.
p: Die Kopflastigkeit zieht voll in die Materie.
p: Es tut dem Ego sehr weh, denn es trägt die Sehnsucht tief im Verborgenen. Es wird aber nicht gezeigt. Man überspielt alle aufkommenden Gefühle und wird egoistisch, kleinlich und kritiksüchtig. So stolpert man immer wieder über seine eigenen Fußangeln. Dabei schimpft man aber auf die anderen.

Was kann gelernt werden?

P: Lerne, mit deinen Verstandeskräften besser umzugehen, denn du hast eine scharfe Beobachtungsgabe. Dein kühler Kopf kann genau unterscheiden und klare Entscheidungen treffen.
H: Verbinde Himmel und Erde in dir, ebenso deine Gedanken

mit deinen Gefühlen. Deine Stärke ist klares Denken. Beginne, dies mit deinem Herzen zu verbinden und stelle so gleiches Gewichtsverhältnis her.
I: Deine Intuition versorgt dich, und du kannst lernen, deine Gedankenkraft mit deiner feinen Gefühlsebene in die Materie zu lenken.
L: Laß dein Leben erfüllt sein mit dem, was in dir ist. Lebe bewußt und lenke dein Leben.
I: Intuition läßt in dir das Ziel deines Lebens erkennen. Auch die Materie läßt sich nur beherrschen und lenken, wenn der geistige Schlüssel gefunden wurde.
P: Arbeite mit der Intuition und dem Herzen.
P: Deine hohen Ideale sollen dich anspornen, das zu vollbringen, was in dir selber verankert ist. Deine Kraft des Mentalen kannst Du nur wirklich nutzen, wenn du lernst, mit allen dir zur Verfügung stehenden Anlagen bewußt umzugehen.

(P)HI(L)IP(P)

Der erste Buchstabe *P:* Du trägst in dir ein großes geistiges Potential.
Der mittlere Buchstabe *L:* Lebe dein Leben und erfülle es mit deiner Gegenwart.
Der letzte Buchstabe *P:* Kopf und Herz müssen zusammenfinden, damit sich dein Weg offenbaren kann. Materie allein ist nicht seligmachend. Beides zusammen ist Glück und Zufriedenheit. Öffne dein Herz und laß dein Leben noch mehr vom Strom der Liebe erfüllt sein. Liebe und siege.

Reinhold

Es liegt in der Seelennatur als geistiges Gut:

R: Die Gabe der Liebe.
E: Die Gabe, Verstand, Gefühl und Handlung in Übereinstimmung zu bringen.
I: Intuition.
N: Vergangenes mit Gegenwärtigem zu verbinden.
H: Die Fähigkeit, mit Balance und Gleichgewicht auf der Erde zu stehen.
O: Schöpferische Kräfte.
L: Das Leben bewußt erfüllen zu können.
D: Geistige Fülle, die für das Leben wichtig ist.

Wenn sich die Persönlichkeit behauptet und nur noch der Materie Aufmerksamkeit schenkt, ergeben sich Verzerrungen in der Lebensqualität und in der Ausdrucksform.

r: Ein kleinliches, kritiksüchtiges Verhalten entwickelt sich. Die Forderungen an Partner und Umwelt sind sehr groß, die Bereitschaft zu geben ist gering.
e: Man beginnt sich einzurollen, wird träge und schwerfällig.
i: Es kann zu einer ablehnenden Haltung gegenüber dem Körper kommen. Dadurch verletzt man sich selbst.
n: Beharrlich versucht man, sich an alten Mustern und Werten festzuhalten.
h: Das Ego erhebt sich sehr stark und versucht, sich in den Mittelpunkt zu stellen. Es verausgabt sich ständig, geistig wie physisch. Es wird ungerecht und will alles festhalten. Ideen und Illusionen zerplatzen wie Seifenblasen.
o: Innere Unruhe, Rastlosigkeit, die zu Schlaflosigkeit führen können, erschweren den Alltag. Ein Chaos kann entstehen.
l: Das Ego erhebt sich und möchte alles an sich reißen.
d: Die Situation belastet das Herz und den Körper. Das Ego kann sich als Tyrann aufspielen.

Was kann gelernt werden?

R: Du hast die Gabe der göttlichen Liebe in dir, arbeite damit. Deine Richtungen zur individuellen Entfaltung sind alle offen, und du kannst jederzeit deine Richtung verändern.

E: Lerne, deinem Körper mit Liebe und Achtung zu begegnen. Lerne, in dir den Einklang herzustellen, Gleichklang der Gedanken, der Gefühle und Handlungen. Körper, Geist und Seele sind nicht zu trennen.

I: Die Kraft deiner Intuition trägt aus der Tiefe deiner Seelennatur alles für dich jetzt Wichtige in dein Tagesbewußtsein. Lerne, auf die zarte Stimme deines Herzens zu hören.

N: Verbindlichkeit ist ein Teil deiner Liebe. Arbeite noch mehr mit ihr und verbinde das Wissen deiner Vergangenheit mit deinen Erfahrungen der Gegenwart.

H: In deiner wahren Wesensnatur liegt dein Halt. Im Zentrum deiner göttlichen Gegenwart ist deine Mitte. Gerecht verteilt sind alle geistigen und physischen Anteile, beginne auszugleichen und zu korrigieren, damit das Gleichgewicht hergestellt wird. Wenn du in dir den Halt gefunden hast, kannst du ihn auch nach außen geben.

O: Schöpfe jegliche Kraft aus deinem Zentrum, denn es entspricht deiner Seelennatur. Kreative Anlagen sind vorhanden, um genutzt zu werden.

L: Alles, was du als Gabe mitbekommen hast, soll dir dabei helfen, dich zum Ausdruck zu bringen.

D: Deine Fähigkeiten erlauben dir, mit Schwung in das Leben und in das Licht einzutreten.

(R)EI(NH)OL(D)

Der erste Buchstabe *R:* Mit Liebe leben, mit Liebe handeln.
Die mittleren Buchstaben *N, H:* Verbinde alte Erfahrungen mit der Gegenwart.
Der letzte Buchstabe *D:* Erfülle das Leben. Geh nach vorn! Dem Licht entgegen. Laß dein Herz sprechen und erkenne die

Notwendigkeit, Gedanken und Gefühle zu kontrollieren. Beginne, sie zu ordnen, damit sich deine Energie deinem Qualitätsfeld entsprechend offenbaren kann. Deine Stärke liegt in dem Feld der Mitte. Deine Mitte ist das Herz, die Liebe. Deine Mitte ist das Göttliche in dir. Diese Mitte zu suchen und zu finden, um in ihr das Leben zu erfüllen, ist dein Weg. Es ist ein Weg der Liebe, der sanften Bestimmung.

Richard

Es liegt in der Seelennatur als geistiges Gut:

R: Liebe zum Leben.
I: Intuition.
C: Die Gabe, die Fülle des Geistes zu nutzen, ohne auf Vergangenes zu schauen.
H: Die tragende Kraft, Gleichgewicht, Sicherheit und Halt.
A: Arbeitskraft, hohe Leistungsfähigkeit.
R: Liebe.
D: Eine geistige Fülle, die für das Leben notwendig ist.
Wenn sich die Persönlichkeit behauptet und nur noch der Materie Aufmerksamkeit schenkt, ergeben sich Verzerrungen in der Lebensqualität und in der Ausdrucksform.
r: Ein kleinliches, kritiksüchtiges Verhalten entwickelt sich. Die Forderungen an Partner und Umwelt sind groß, die eigene Bereitschaft zu geben ist gering.
i: Da man sich der Materie mehr zuwendet, bekommt der Körper eine starre Haltung.
c: Altes wird festgehalten, und an Kleinigkeiten des Alltags kann sich das Ego festbeißen.
h: Härte und Verbissenheit zeichnen sich ab.
a: All das will die Persönlichkeit nicht wahrhaben und nicht sehen, und so wird der ganze Frust und Ärger im Rucksack versteckt.
r: Ein nörgelndes stures Verhalten kann sich entwickeln.

d: Der Rucksack wird so schwer, daß er wie eine Eisenkugel an den Beinen hängt und so die Beweglichkeit beschränkt, denn wie innen so außen.

Was kann gelernt werden?

R: Lerne, mit Liebe dein Leben zu gestalten.
I: Deine intuitive Anlage gibt dir deine wichtigen Informationen für eine individuelle Entfaltung.
C: Sei offen für geistige Neuerungen und lerne, mit der vergebenden Kraft umzugehen. Sie ist ein Teilaspekt deiner Liebe.
H: Lerne, die Verbindungen deiner geistigen und physischen Natur auszugleichen, damit sich das Gleichgewicht einstellen kann. Finde in dir den Halt, den du im Äußeren suchst.
A: Deine Arbeit sollte sich auf beide Bereiche erstrecken – geistig für deine Seele und physisch für das Materielle.
R: Die Liebe ist deine starke Seite, wenn du alles, was du zu tun hast, mit Liebe und Einfühlungsvermögen tust, dann ist es erfüllend.
D: Dein Ziel liegt vor dir. Geh mit Schwung in das vor dir Liegende und erfülle dein Leben mit allem, was in dir ist. Du trägst in dir dafür die geistige Ausstattung. Beginne das Ganze zu erkennen.

(R)IC(H)AR(D)

Der erste Buchstabe *R:* Liebe erfüllt dich.
Der mittlere Buchstabe *H:* Sie gibt dir den Halt, den du benötigst, um dein Leben zu erfüllen.
Der letzte Buchstabe *D:* In der Tiefe deines Wesens bist du sanft und einfühlsam. Deine Lebensqualität zeigt es deutlich genug. Liebe ist des Lebens wahrer Ausdruck! Lerne zu leben, um zu lieben. Geh mit Schwung in alle Situationen und trage deine Stärke, deinen Halt, auch zum Segen für andere in die Welt.

Robert

Es liegt in der Seelennatur als geistiges Gut:

R: Liebe zu allem Leben.
O: Schöpferische Fülle.
B: Die Fähigkeit, mit Feingefühl und Sanftheit die Verbindung zwischen oben und unten herzustellen.
E: Übereinstimmung der Gedanken, Gefühle und Handlungen.
R: Die Gabe zu lieben.
T: Der Sieg über die Körpermaterie.

Wenn sich die Persönlichkeit behauptet und nur noch der Materie Aufmerksamkeit schenkt, ergeben sich Verzerrungen in der Lebensqualität und in der Ausdrucksform.

r: Man fordert von Partner und Umwelt zu viel, aber die eigene Bereitschaft zum Geben ist sehr gering.
o: Unzufriedenheit und Ungerechtigkeit können die Folgen sein. Man erniedrigt sich selbst und neigt dazu, sich schnell zu verausgaben.
b: Das Ego beansprucht alles nur für sich und hält alles krampfhaft fest.
e: Man wird leicht träge und schwerfällig.
r: Sieht zwar, wo Veränderungen nötig wären, erwartet diese aber von der Umwelt. Die Forderung nach Liebe wächst.
t: Darunter leidet das Ego und fühlt sich oft unverstanden und gekränkt. Die Angst vor Enttäuschung nimmt zu, und der Schmerz im Herz kann sich ausweiten.

Was kann gelernt werden?

R: Lerne, mit der Liebe zu leben. Liebe, die verzeiht und vergibt!
O: In dir sind viele Talente. Kreative und schöpferische Fähigkeiten, die darauf warten, von dir verwirklicht zu werden.
B: Halte das Gleichgewicht in deiner geistigen und physischen

Natur aufrecht. Verbinde und erhalte dir das, was du dir erarbeitet hast.
E: Dein Körper ist dein Ausdrucksmittel, behandle ihn dementsprechend.
R: Lerne, auch ihn mit Liebe zu pflegen. Liebe ist ein Teil deines Lebens.
T: So kannst du deinen Sieg erringen, wenn du lernst, mit Liebe und Achtung dem Leben zu begegnen. Nur mit Liebe ist es ein wirklicher Sieg!

(R)O(BE)R(T)

Der erste Buchstabe *R:* Liebe deine Umwelt.
Die mittleren Buchstaben *B, E:* Verbinde Geist und Materie miteinander.
Der letzte Buchstabe *T:* Laß Harmonie in deinen Gedanken, Gefühlen und Handlungen sein, damit sich dein Sieg offenbaren kann. Nur die Kraft deiner Liebe läßt dich zu einem Sieger heranwachsen. Liebe ist deine Stärke, nutze sie. Einen Weg der Liebe zu gehen bedeutet, sein Ego der höheren göttlichen Natur zu unterstellen. Liebe ist kein Opfergang, sondern ein Weg des vollkommenen Bewußtseins. Geh den Weg der Liebe, und du wirst erkennen, welche Vielfalt in der Liebe enthalten ist.

Sebastian

Es liegt in der Seelennatur als geistiges Gut:

S: Lebensenergie, Vitalität.
E: Die Gabe, Verstand, Gefühl und Handlung im Körper zu vereinen.
B: Ausgewogenheit von Geist und Materie.
A: Die Fähigkeit, mit diesen Gaben arbeiten zu können, hohe Leistungsfähigkeit.
S: Stärke und Stabilität.

T: Die Gabe, über die Körpermaterie zu siegen.
I: Intuition.
A: Ausdauer und hohe Belastbarkeit.
N: Vergangenes mit Gegenwärtigem zu verbinden.
Wenn sich die Persönlichkeit behauptet und nur noch der Materie Aufmerksamkeit schenkt, ergeben sich Verzerrungen in der Lebensqualität und in der Ausdrucksform.
s: Worte und Handlungen können auf die Umwelt verletzend wirken, denn das Ego wird von starken Emotionen geleitet.
e: Unter diesen Zuständen beginnt man selber zu leiden, findet aber keine Bereitschaft, etwas zu verändern. Man versucht, den aufsteigenden Groll zu vertuschen.
b: Die Persönlichkeit beginnt zu fordern und hält alte Bindungen noch fester.
a: Groll und Frust werden im Rucksack verstaut.
s: Das wiederum kann eine nicht übersehbare Unzufriedenheit hervorrufen.
t: Und das daraus entstehende Leid verursacht Schmerz in allen anfälligen Körperregionen.
i: Man erniedrigt sich selbst, weil man gerade das ablehnt, was lebenswichtig wäre.
a: Der mit Kummer bestückte Rucksack wird zur Last. Die Wirbelsäule ist überlastet.
n: Alte Gedankenmuster und Prägungen werden festgehalten. Eine ablehnende Haltung gegenüber allem Neuen kann sich einstellen. Aggressive Verhaltensweisen können den Alltag und den Umgang mit der Umwelt erschweren.

Was kann gelernt werden?

S: Lerne zu begreifen, daß zu deiner Körpernatur auch deine geistige Natur gehört. Damit deine Lebensenergie ordnungsgemäß fließen kann, ist es wichtig, daß du bewußt handelst.
E: Dein Körper ist dein Ausdrucksmittel, dessen du dich jetzt bedienen kannst. Durch ihn lenkst du deine Energien, durch ihn kannst du handeln, denken und fühlen. Beginne in dir Harmonie zu entwickeln und zu verwirklichen.

B: Beginne, das Gleichgewicht in dir herzustellen, mit Feingefühl und Sanftheit. Verbinde das Geistige mit dem Körperlichen, das Wissen mit der Handlung, den Verstand mit dem Gefühl.

A: Arbeite mit deiner Lebensqualität, denn du hast die Gabe der Ausdauer, die für körperliche und geistige Arbeiten notwendig ist.

S: Dein Körper ist das Barometer deiner geistigen Verfassung, denn alles, was sich in dir abspielt, stellt sich auch durch deine Organe dar. Gesundheit und Stabilität, Vitalität und Spannkraft sind in deiner wahren Wesensnatur verborgen. Beginne, mit deinen Gaben zu arbeiten!

T: Du bist befähigt, den Sieg über deine Körpernatur zu erringen, wenn du lernst, mit der ausgleichenden Kraft der Liebe zu handeln. Denn nur durch Liebe ist ein wahrer Sieg zu verwirklichen.

I: Nutze die Gabe deiner Intuition, denn sie versorgt dich aus der Tiefe deiner göttlichen Natur. Alle Informationen, die du benötigst, um geistig zu wachsen, steigen aus deiner Seelennatur empor, um dein Leben zu erfüllen.

A: Dein Leben bietet immer wieder neue Situationen, damit du lernen kannst. Deine Lektionen wiederholen sich so lange, bis du den Sinn deines Daseins wirklich begriffen hast, denn es ist nicht damit abgetan, nur Materie anzusammeln.

N: Deine intuitive Veranlagung läßt dir Vergangenes wieder bewußt werden, damit du dein Leben meisterst. Nur durch Verbindlichkeit, durch Liebe und Achtung vor dem Leben kannst du gewinnen.

(S)EBA(S)TIA(N)

Der erste Buchstabe *S:* Lerne zu begreifen, daß dein Lebenssinn darin besteht, deine Körperenergien bewußt zu lenken.
Der mittlere Buchstabe *S:* Es ist deine Aufgabe, dich dabei selbst zu entdecken.
Der letzte Buchstabe *N:* Wenn du in dir den Schlüssel findest, der deine geheimen Türen öffnen kann, dann gehen auch jene Tore wieder auf, über denen der Schleier des Vergessens liegt.

Alles wartet darauf, um von dir wieder bewußt wahrgenommen zu werden. Deine Stärke liegt in deiner Ausdauer, mit ihr erreichst du dein Ziel. Sehe deine Welt mit den Augen deiner göttlichen Natur und verzeih! Liebe ist ein Weg zur Vollendung, und auch du wirst ihn finden.

Simon

Es liegt in der Seelennatur als geistiges Gut:

S: Lebenskraft, Vitalität.
I: Intuition.
M: Die Fähigkeit, auf altes Erfahrungswissen zurückzuschauen und Einblick nehmen zu können in frühere Lebensabläufe.
O: Die schöpferische Kraft in vollkommener Fülle.
N: Die Gabe, Vergangenes mit Gegenwärtigem zu verbinden.
Wenn sich die Persönlichkeit behauptet und nur noch der Materie Aufmerksamkeit schenkt, ergeben sich Verzerrungen in der Lebensqualität und in der Ausdrucksform.
s: Worte und Handlungen können verletzend wirken.
i: Es kann sich eine starke Ablehnung gegen die eigenen Bedürfnisse entwickeln. Eine Verneinung der eigenen Lebensenergie.
m: So erniedrigt man sich selbst, wird schwerfällig und träge, Unsicherheit und Komplexe können den Alltag erschweren.
o: Es können sich innere Unruhe und ein Chaos einstellen.
n: Dadurch leidet das Ego und hält krampfhaft alte Bindungen, Verhaltens- und Gedankenmuster fest. Traurigkeit kann das Gemüt belasten.

Was kann gelernt werden?

S: Lerne, bewußter mit deiner Lebenskraft umzugehen, denn sie ist einmalig.

I: Nutze die Gabe deiner Intuition, denn in der Tiefe deiner Seelennatur liegt alles für dich bereit, um dich auf deinem Weg zu begleiten.
M: Im richtigen Augenblick und zur richtigen Zeit steigt das bereits angesammelte Wissen deiner früheren Lebensabläufe in dir empor.
O: Deine schöpferischen Fähigkeiten enthalten viele Talente, die sich auch in deiner beruflichen Entwicklung bemerkbar machen können. Nutze deine Gaben.
N: Das Leben ist kostbar. Mit Freundlichkeit und Herzlichkeit kommt man schneller voran. Lerne, mit Verbindlichkeit und Liebe zu leben.

(S)I(M)O(N)

Der erste Buchstabe *S:* Deine Lebensenergie ist Ausdruck deiner geistigen Natur.
Der mittlere Buchstabe *M:* Deine Fähigkeit, intuitive Informationen umsetzen zu können, erfüllt dein Leben.
Der letzte Buchstabe *N:* Verbinde immer wieder das, was in dir emporsteigt, mit dem, was dir dein Verstand sagt. Lerne, die Verbindungen herzustellen zwischen oben und unten, dem Geist und der Materie. Liebe trägt dich sicher durch dein Leben und es lohnt sich. Erfahrungen müssen wir alle sammeln, sie sind notwendig damit wir wachsen und erkennen können, um Selbständigkeit zu erreichen. Du bist stark genug, um deinen Weg zu gehen. Begegne deiner Umgebung mit dem Herzen.

Thomas

Es liegt in der Seelennatur als geistiges Gut:

T: Die Gabe des Siegers.
H: Gleichgewicht, Gerechtigkeit und Balance, Sicherheit und Halt.

O: Schöpferische Kräfte.
M: Die Fähigkeit, auf altes Erfahrungswissen zurücksehen zu können und Einblick zu erhalten in frühere Lebensabläufe.
A: Die Kraft, mit diesen Gaben arbeiten zu können; hohe Leistungsfähigkeit.
S: Lebensenergie, Stärke, Vitalkraft.

Wenn sich die Persönlichkeit behauptet und nur noch der Materie Aufmerksamkeit schenkt, ergeben sich Verzerrungen in der Lebensqualität und in der Ausdrucksform.

t: Man kann sich wie ein Traumtänzer durch sein Leben bewegen, bis die Enttäuschungen das Ego auf den Boden der Tatsachen herunterholen. Dies wird ein schmerzhafter Zustand, der sich in den schwächsten Stellen des Körpers festsetzen kann.
h: Die Ideen und Illusionen zerplatzen wie Seifenblasen, und das Ego versucht sich groß darzustellen, um Mittelpunkt zu sein. Es entgleiten ihm jene Dinge, an die es sich am meisten festklammert.
o: Innere Unruhe und Ruhelosigkeit erfüllen den Körper.
m: Der unausgeglichene Zustand kann sehr extreme Verhaltensweisen hervorrufen. Teilweise erniedrigt man sich, wird kleinlich und träge, dann kann es wiederum zu explosionsartigen Ausbrüchen kommen.
a: Vieles wird im Rucksack verstaut und belastet die Wirbelsäule.
s: Um sich zu verstecken, benutzt man Worte, die verletzend wirken können. Unter diesem Zustand leidet man selber.

Was kann gelernt werden?

T: Erkenne deine Fähigkeiten. Lerne, deinen klaren Verstand zu nutzen, und laß auch die Intuition arbeiten.
H: Lerne, das Gleichgewicht in dir herzustellen, denn das Oben ist ebenso wichtig wie das Unten. Verbinde Himmel und Erde, Geist und Materie, Verstand und Gefühl, durch deinen Gerechtigkeitssinn. Finde den Halt in deiner Mitte, in deiner göttlichen Natur, dann kannst du auch den anderen zum Halt werden.

O: Deine schöpferischen Fähigkeiten lassen viele Talente in dir wach werden. Nutze sie.
M: Du hast die Gabe, in deine Vergangenheit zu sehen, werde einsichtig, um zu erkennen.
A: Arbeite und verbinde deine Erkenntnisse. Harmonie und Frieden sind für dich wichtige Wegbegleiter.
S: Nur die Liebe läßt dich zu einem wahren Sieger werden. Liebe, die aus deiner wahren göttlichen Natur strömt. Sie verleiht dir Weitsicht und die Kraft, um das Leben zu erfüllen.

(T)H(OM)A(S)

Der erste Buchstabe *T:* Dein Sieg liegt in der Tiefe deines Wesens.
Die mittleren Buchstaben *O, M:* Lerne, den Schatz zu heben durch die Kraft deiner Liebe.
Der letzte Buchstabe *S:* Die Stärke deiner geistigen und körperlichen Natur lassen dich vieles bewältigen, denn durch deine Ausdauer kannst du vieles erreichen. Lerne, deine Energien zu lenken. Verteile deine Kräfte weise und gerecht. Lenke mit Liebe, denn nur dann kannst du dein Ziel und deinen Sieg erreichen.

Ulrich

Es liegt in der Seelennatur als geistiges Gut:

U: Die Fülle geistigen Wissens.
L: Die Gabe, bewußt zu leben.
R: Liebe zum Leben.
I: Intuition.
C: Die Fähigkeit, neues geistiges Gut ohne Vorbehalte aufnehmen zu können, um damit eigene Erfahrungen zu machen. Die Fülle des Geistes nutzen zu können, ohne dabei auf Vergangenes zu sehen.

H: Die Gabe, sicher auf beiden Beinen zu stehen. Balance und Gerechtigkeit.

Wenn sich die Persönlichkeit behauptet und nur noch der Materie Aufmerksamkeit schenkt, ergeben sich Verzerrungen in der Lebensqualität und in der Ausdrucksform.

u: Die Persönlichkeit fühlt sich oft erniedrigt, dadurch ist sie offener für alles Negative, Destruktive und Krankmachende.

l: Das Ego versucht sich groß darzustellen und bläht sich wie ein Luftballon auf, dem schnell die Luft entweicht.

r: Das läßt Kleinlichkeit und Kritiksucht entstehen. Die Erwartungen an die Umwelt und an den Partner sind groß. Diese Forderungen werden nicht erfüllt, Unzufriedenheit und Enttäuschungen entstehen.

i: Das kann zu Ablehnungen gegen sich selbst und die Umwelt führen. Eine Distanzhaltung wird aufgebaut, und man beginnt zu leiden, was sich wiederum im Körper widerspiegelt.

c: Das Ego wird berechnend und kann sich an Kleinigkeiten verbeißen. Es beginnt, krampfhaft alles festzuhalten.

h: Dadurch verausgabt man seine Lebensenergie, fühlt sich aber immer im Recht. Das, was man festhalten will, entgleitet, Illusionen zerplatzen wie Seifenblasen.

Was kann gelernt werden?

U: Erkenne deine Fähigkeiten und Talente, vertraue deiner intuitiven Veranlagung, denn aus der Tiefe deiner Seelennatur steigt das für dich lebensnotwendige Wissen auf.

L: Geh bewußter durch diese Lebenssituationen.

R: Benutze all deine Gaben, besonders die der Feinfühligkeit und der Liebe.

I: Deine Intuition täuscht dich nicht. Erkenne und lerne zu verstehen, was sich in dir offenbaren möchte. Dein bereits angesammeltes Seelenpotential, strömt dir über deine Intuition zu.

C: Geh frei und offen deinem Ziel entgegen, sei es beruflicher oder anderer Natur.

H: Deine Sicherheit sollte wachsen, ebenso wie die Bodenständigkeit. Suche und finde den Halt in deiner göttlichen Gegenwart, dann kannst du auch deiner Umwelt eine Stütze sein.

(U)L(RI)C(H)

Der erste Buchstabe *U:* Erkenne dich selbst. Du bist wie ein offenes Gefäß, das bereits mit vielen Dingen gefüllt ist.
Die mittleren Buchstaben *R, I:* Die Gabe der Liebe öffnet dir die Türen, damit deine Intuition voll in dir arbeiten kann. Lerne, behutsam mit deinen Qualitäten umzugehen.
Der letzte Buchstabe *H:* Lerne, die Ehrlichkeit zu dir selber zu entwickeln. Mach dir keinerlei Illusionen, denn sie lösen sich auf. Setze deine Aufmerksamkeit auf dein Ziel und versuche es ohne Druck oder Zwang zu erreichen. Übergebe es der weisen Quelle in dir, es deinem Plan entsprechend zu erreichen. Denke an die Ausgeglichenheit und die Balance, und folge dem Ruf deiner Seele. Erfüllung findest du nur in der liebevollen Hingabe. Erfülle dein Leben mit deiner Freude und mit dem Licht.

Uwe

Es liegt in der Seelennatur als geistiges Gut:

U: Die Fülle geistigen Wissens.
W: Sanftheit und Einfühlungsvermögen, Ausgewogenheit und Gerechtigkeitssinn.
E: Die Gabe, Körper, Geist und Seele, Verstand, Gefühl und Handlung in Übereinstimmung zu bringen.
Wenn sich die Persönlichkeit behauptet und nur noch der Materie Aufmerksamkeit schenkt, ergeben sich Verzerrungen in der Lebensqualität und in der Ausdrucksform.
u: Die Persönlichkeit fühlt sich oft erniedrigt. Sie ist offener

und anfälliger für das Naheliegende, Destruktive und Krankmachende.
w: Man wird labil und Melancholie kann den Alltag mit Traurigkeit erfüllen.
e: Das kann dazu führen, daß man sich am liebsten ins Schneckenhaus zurückzieht und Veränderungen weit von sich schiebt. Entscheidungen müssen die anderen treffen.

Was kann gelernt werden?

U: Begreife und erkenne, daß du wie ein Gefäß bist, in dem sich bereits vieles angesammelt hat. Sei offen für geistige Neuerungen, die sich letztlich auch in deinem Körperbewußtsein zum Ausdruck bringen.
W: Du selbst hast es in den Händen, lerne, dein Leben zu lenken mit deinem Sinn für Recht und Ordnung.
E: Dein Körper ist dein Barometer für alles, was in dir ist. An ihm kannst du deine bereits gesammelten Erfahrungen ablesen. Wenn du erkannt und begriffen hast, dann ist dein Körper gesund und heil. Er strahlt das aus, was dein Seelenpotential in dein Bewußtsein aufsteigen lassen konnte.

(U)(W)(E)

Der erste Buchstabe *U:* Erkenne dich selbst, wie ein Gefäß, alles ist in dir enthalten.
Der mittlere Buchstabe *W:* Halte Maß in allen Dingen, sei wie die Waage und sei gerecht.
Der letzte Buchstabe *E:* Halte das Gleichgewicht in deinen Gefühlen, Gedanken und Handlungen, dann wird sich Ordnung einstellen. Vertrauen ist für die individuelle Entwicklung ebenso wichtig wie der Wunsch, zum Ziel zu gelangen. Ein Ziel sollte vorhanden sein. Alles geistige Wissen ist in dir. Die Fähigkeit, den Schatz zu heben, liegt in deiner intuitiven Anlage. Halte das Gleichgewicht zwischen oben und unten.

Volker

Es liegt in der Seelennatur als geistiges Gut:

V: Die Gabe, durch die Kraft das Geistes zu siegen.
O: Schöpferische Fülle.
L: Die Gabe, das Leben bewußt zu erfüllen.
K: Die Fähigkeit, aus dem Geiste zu schöpfen, um die Materie zu lenken.
E: Körper, Geist und Seele in Einklang zu bringen.
R: Die Kraft, das Leben zu lieben.

Wenn sich die Persönlichkeit behauptet und nur noch der Materie Aufmerksamkeit schenkt, ergeben sich Verzerrungen in der Lebensqualität und in der Ausdrucksform.

v: Die Einsicht, mit der vorhandenen Fülle umgehen zu können, ist gering. Das nötige Selbstvertrauen ist oft in Frage gestellt.
o: Dadurch können innere Unruhe und extreme Spannungen entstehen. Durch Gefühlsschwankungen bahnt sich ein kleines Chaos an.
l: Das Ego versucht dennoch, unter allen Umständen sich stark zu machen und bläht sich auf wie ein praller Luftballon, dem allzu schnell die Luft entweicht.
k: Das Ego versucht, sich zu behaupten, und ein kompliziertes Denken und Handeln kann den Alltag erschweren.
e: Vor Entscheidungen möchte man sich zurückziehen, neigt eher zur Trägheit und wird dadurch rechthaberisch und egozentrisch. Wie ein Igel bekommt man Stacheln, die andere verletzen können.
r: Die Forderungen werden größer. Denn der Wunsch nach Achtung, Liebe und Zärtlichkeit wächst, aber die Bereitschaft, das alles selbst zu geben, ist gering.

Was kann gelernt werden?

V: Lerne, mit deiner geistigen Natur dein Leben zu formen.
O: Aus der Fülle deiner schöpferischen Gegenwart kannst du durch Liebe und Intuition alles für dich Wichtige hervorholen, das du benötigst, um dein Leben zu erfüllen.
L: Lerne, dieses Leben so zu gestalten, wie es deiner Idealvorstellung entspricht.
K: Verbinde das geistige Gut mit deiner materiellen Seite und setze deine Erkenntnisse ein. Dein Leben kann sich nur durch deine Korrekturen verändern.
E: Dein Körper ist dein momentanes Ausdrucksmittel, achte, pflege und liebe ihn wie einen Partner. Beginne Frieden und Harmonie in dir und durch dich zu verwirklichen.
R: Verstehe das Wort Liebe. Mit Liebe erreichst du dein Lebensziel. Liebe zum Leben ist ein riesengroßer Schritt, und dieser beginnt bei dir.

(V)O(LK)E(R)

Der erste Buchstabe *V:* Mit der Fülle deiner schöpferischen Kräfte kannst du siegen.
Die mittleren Buchstaben *L, K:* Versuche, das Leben zu lenken.
Der letzte Buchstabe *R:* Entwickle durch die Kraft der Liebe Übereinstimmung in allen Gedanken, Gefühlen und Handlungen. Lerne mit deiner Fülle umzugehen und laß dein Leben zur Erfüllung werden. Die Liebe ist dein Lehrmeister, mit ihr kommst du zum Ziel.

Walter

Es liegt in der Seelennatur als geistiges Gut:

W: Sanftheit und Einfühlungsvermögen, Sinn für Gerechtigkeit.
A: Eine Fülle geistiger Anlagen, hohe Leistungsfähigkeit und Belastbarkeit.
L: Die Kraft, das Leben bewußt zu erfüllen.
T: Die Fähigkeit, über die Körpermaterie zu siegen.
E: Die Gabe, Verstand, Gefühl und Handlungen in Übereinstimmung zu bringen.
R: Die Gabe zu lieben.

Wenn sich die Persönlichkeit behauptet und nur noch der Materie Aufmerksamkeit schenkt, ergeben sich Verzerrungen in der Lebensqualität und in der Ausdrucksform.

w: Zu wenig Unternehmungsgeist und Tatkraft werden entwickelt.
a: Eine Labilität und das Unvermögen, Entscheidungen zu treffen, lassen das Ego traurig werden, so daß der ganze Kummer im Rucksack verstaut wird.
l: Die Persönlichkeit versucht dennoch, sich mit allen Mitteln in den Mittelpunkt zu stellen.
t: Der innere Schmerz wird nicht gezeigt, und die Maske wird lange Zeit getragen, bis sich der Körper unter dem inneren Leid beugt.
e: Dann entsteht Schwerfälligkeit und Unzufriedenheit. Man hat an allem etwas auszusetzen und versucht, sich vor Entscheidungen zu drücken.
r: Diese erwartet man von der Umwelt und vom Partner. Der Wunsch nach Liebe und Zärtlichkeit wächst, die eigene Bereitschaft, all dies zu geben, ist dennoch gering.

Was kann gelernt werden?

W: Erkenne deine Fähigkeiten und lerne wie eine Waage das Gleichgewicht zu halten.
A: Beginne, sanft und liebevoll mit deiner Anlage zu arbeiten. Mit deinem Sinn für Ausgewogenheit und Schönheit.
L: Begreife die Einmaligkeit deines Lebens. Nichts ist sinnlos! Lerne, dein Leben und den Augenblick voll zu erleben und zu genießen.
T: Um zu siegen, muß man lieben, denn nur die Liebe ist der wahre Sieger.
E: Dein Körper zeigt dir alle Übertretungen deiner geistigen Grundgesetze. Lerne, besser darauf zu hören und mit deiner sanften Art Harmonie in Gedanken, Gefühlen und Handlungen zu verwirklichen.
R: Arbeite mit der Liebe. Laß deine Fähigkeit zu lieben weiter wachsen und erkenne die Einheit von Geist und Materie.

(W)A(LT)E(R)

Der erste Buchstabe *W:* Lerne, das Gleichgewicht zu entwickeln. Übe dich in der Konzentration und der Kontemplation. Finde deine Mitte.
Die mittleren Buchstaben *L, T:* Es ist dein Leben und dein Sieg.
Der letzte Buchstabe *R:* Nur die Liebe trägt die Kraft des wahren Sieges in sich. Werde ein weiser Herrscher in deinem Körperreich. Die Liebe zum Leben zeigt dir deinen Weg. Das Gleichmaß in allen Dingen zu halten gehört zu deiner Art. Laß die Liebe zum Wegweiser werden und geh voller Vertrauen auf deine göttliche Natur deinem Ziel entgegen.

Werner

Es liegt in der Seelennatur als geistiges Gut:

W: Einfühlungsvermögen, Ausgeglichenheit.
E: Die Fähigkeit, Verstand, Gefühl und Handlung in Übereinstimmung zu bringen.
R: Die Gabe zu lieben.
N: Die Gabe, Vergangenes mit Gegenwärtigem zu verbinden.
E: Die Kraft, Körper, Geist und Seele in Einklang zu bringen.
R: Liebe zum Leben.

Wenn sich die Persönlichkeit behauptet und nur noch der Materie Aufmerksamkeit schenkt, ergeben sich Verzerrungen in der Lebensqualität und in der Ausdrucksform.

w: Man kann sehr extreme Gefühlsschwankungen in sich erleben. Dies kann Unbehagen erzeugen.
e: Schwerfälligkeit im körperlichen Bereich stellt sich ein. Unzufriedenheit verleitet dazu, sich ins Schneckenhaus zurückzuziehen, um sich so den Anforderungen des Alltags zu entziehen.
r: Dadurch wird man kleinlich und neigt sehr zur Kritik. Die Erwartungen an den Partner und an das Umfeld wachsen. Die eigene Bereitschaft, diese Forderungen selbst auch zu erfüllen, ist gering.
n: Man hält lieber an der alten Tradition fest und orientiert sich am alten, gewohnten Gesellschaftsklischee.
e: Weil sich daraus erneut Forderungen nach Erneuerung und Veränderung ergeben, sperrt man sich gegen eine Kommunikation.
r: Der Körper leidet. Das Ego sehnt sich nach Liebe und Zärtlichkeit. Dies kann begleitet werden von Herzschmerz und ständigen Entzündungen der Atemwege.

Was kann gelernt werden?

W: Erkenne deine Fähigkeiten und Möglichkeiten. Begreife deine sanfte Seite in dir, die sich mit Einfühlungsvermögen durchsetzen kann.

E: Lerne, mit deinem Gerechtigkeitssinn zu arbeiten, damit deine Gedanken, Gefühle und Handlungen zu gleichen Teilen in der Waagschale liegen. Arbeite mit deinen Gaben, denn aus deiner Seelennatur fließen alle notwendigen Informationen über deinen Intuitionskanal. Öffne dich deiner innersten Kraftquelle, dann beginnt sich die Harmonie in dir zu verwirklichen.

R: Die Gabe der Liebe wurde dir mit auf deinen Weg gegeben. Lerne, damit umzugehen, denn sie ist dein kostbarstes Gut.

N: Dann werden sich deine Schleier lüften, und es wird dir dein vergangenes Wissen wieder bewußt, um dein Leben damit zu erfüllen.

E: Verbinde alles in dir mit der Kraft deiner Liebe und beginne, mit dem Gedanken der Einheit zu arbeiten.

R: Liebe heißt Leben, Leben heißt Licht. Laß deine Liebe zum Leben wachsen, dazu gehört auch dein Körperelement. Achte ihn, denn er ist einmalig.

(W)E(RN)E(R)

Der erste Buchstabe *W:* Sei wie eine Waage und werde gerecht.
Die mittleren Buchstaben *R, N:* Durch die Liebe deines Herzens beginnen sich für dich Türen zu öffnen, um dich in deine Tiefen zu führen wo all dein Wissen der Vergangenheit gespeichert ist. Es steigt wieder in dein Bewußtsein auf, um deine Gegenwart zu bereichern.
Der letzte Buchstabe *R:* Nur durch reine Liebe gelingt es dir, den Zugang wieder zu öffnen. Arbeite an dir und erkenne deinen Körper als das Ausdrucksmittel deiner geistigen Natur. Pflege und achte ihn und versorge ihn mit aufbauenden Dingen. Belaste ihn nicht unnötig. Die Fähigkeit zu lieben ist nur

ein kleiner Aspekt jener Liebe, die du als göttlich bezeichnest. Wachse in deiner Fähigkeit zu lieben, und dein Leben wird sich verändern.

Wolfgang

Es liegt in der Seelennatur als geistiges Gut:

W: Sanftheit, Einfühlungsvermögen, Ausgewogenheit von Geist und Materie.
O: Schöpferische Fülle.
L: Die Fähigkeit, das Leben bewußt zu erfüllen.
F: Die Fähigkeit, Verstand und Gefühl zu vereinen, um den inneren Frieden zu verwirklichen.
G: Die Gabe, in sich ruhend zu sein.
A: Die Gabe, Talente zu nutzen.
N: Vergangenes mit Gegenwärtigem zu verbinden.
G: Die Gabe, mit der Materie zu leben.

Wenn sich die Persönlichkeit behauptet und nur noch der Materie Aufmerksamkeit schenkt, ergeben sich Verzerrungen in der Lebensqualität und in der Ausdrucksform.

w: Man entwickelt zu wenig Unternehmungsgeist und Tatkraft. Dadurch stellt sich oft eine gewisse Art der Melancholie ein, die sehr bedrückend auf das Ego wirkt.
o: Innere Unruhe lassen Gedanken und Gefühle durcheinanderpurzeln.
l: Das Ego bläht sich auf wie ein gefüllter Luftballon. Schnell geht ihm die Luft aus, und er verausgabt sich.
f: Aus Angst vor Enttäuschung beginnt man alles festzuhalten und stolpert über die eigenen Sturheiten.
g: Man neigt zur Egozentrik und wird sehr kleinlich.
a: Darunter leidet man aber selbst und versucht, es zu verstekken. Alles landet im Rucksack.
n: Trägheit erschwert das eigene Vorwärtskommen.
g: Es kann sich ein starker vergangenheitsbezogener Zustand

einstellen, der die alten Dinge mit den neuen vergleicht, das Alte aber nicht loslassen will. Man erwartet Glück, will aber nichts dazu beitragen.

Was kann gelernt werden?

W: Beginne mit deiner sanften Seite zu arbeiten und übe Gerechtigkeit.
O: Die Kraft deines wahren Seelenpotentials steht dir voll zur Verfügung, nutze sie. Dadurch ergeben sich auch viele kreative Fähigkeiten, die sich in deinen Talenten zum Ausdruck bringen möchten.
L: Beginne, dein Leben so zu gestalten, wie du es als inneres Idealbild in dir fühlst und erkennst. Es liegt nur an dir, deine Fähigkeiten einzusetzen. Nicht von außen kommen die Hindernisse. Sie sind in dir – so lange, bis du lernst mit dir und allem, was zu dir gehört, besser umzugehen.
F: Lerne, durch die Intuition deine Gedanken und Gefühle in Einklang zu bringen. Verbinde durch deine sanfte und einfühlsame Art das Geistige mit deinem materiellen Teil. Erkenne dich als die Einheit! Frieden ist für dein Gleichgewicht notwendig.
G: Aber nur du selbst kannst ihn hervorrufen. Du erhältst vom Schicksal das, was dich wachsen läßt. Erkenne es! Die Schubkraft, um neue Verbindungen zu schaffen kommt aus deiner Seelennatur.
A: Beginne, mit deiner Fülle zu arbeiten. Weiche ihr nicht aus, denn sie wird dir um so stärker in deinem Alltag begegnen.
N: Verbinde das Wissen und die Erkenntnis deiner Vergangenheit mit den Erfahrungen deiner Gegenwart.
G: Geh deinen Weg voller Selbstvertrauen und zweifle nicht an deinen Fähigkeiten.

(W)OL(FG)AN(G)

Der erste Buchstabe *W:* Lege deine Gedanken und deine Gefühle in die Waagschalen.
Die mittleren Buchstaben *F, G:* Lerne, mit Frieden den Aus-

gleich in dir herzustellen, damit sich dein Gerechtigkeitssinn verstärken kann.

Der letzte Buchstabe *G:* Die Schubkraft, die dich durch dein Leben begleitet, setzt dich immer wieder auf den harten Boden der Tatsachen, damit du dich nicht in deinen Träumen (Illusionen) verlierst. Lerne, ausgewogener zu werden, damit auch der Energiehaushalt deiner physischen Natur besser fließen kann. Deine Lebensenergie ist zu vergleichen mit einem Strom, der ständig fließendes Wasser in sich trägt.

Wulf

Es liegt in der Seelennatur als geistiges Gut:

W: Sanftheit, Einfühlungsvermögen, Ausgewogenheit von Geist und Materie.
U: Die Fülle geistigen Wissens.
L: Die Gabe, das Leben bewußt zu erfüllen.
F: Die Gabe, Verstand und Gefühl zu vereinen, um den Frieden zu verwirklichen.

Wenn sich die Persönlichkeit behauptet und nur noch der Materie Aufmerksamkeit schenkt, ergeben sich Verzerrungen in der Lebensqualität und in der Ausdrucksform.

w: Zu wenig Unternehmungsgeist und Tatkraft entstehen.
u: Man fühlt sich von der Umwelt nicht ernst genommen und wird dadurch anfälliger für depressive Phasen.
l: Das Ego bläht sich auf wie ein Luftballon, dem dann allzu schnell die Luft entweicht.
f: Die Persönlichkeit versucht sich darzustellen, neigt zu Sturheit und hält alles fest.

Was kann gelernt werden?

W: Laß dein Einfühlungsvermögen noch mehr zum Ausdruck gelangen.

U: Erkenne, daß du wie ein Gefäß bist, in dem unendlich viele Kostbarkeiten ruhen. Sei offen für alles Neue.
L: Lerne, den Augenblick zu genießen.
F: Erlebe den Frieden in dir, den du von deiner Umgebung erwartest. Verbinde mit deinem Gefühl alles, was dir dein Kopf sagt!

(W)(UL)(F)

Der erste Buchstabe *W:* Weich und sanftmütig ist dein Wesen.
Die mittleren Buchstaben *U, L:* In der Tiefe deiner Seele liegen deine verborgenen Schätze, die dein Leben bereichern.
Der letzte Buchstabe *F:* Ein Teil davon heißt Frieden. Deiner Lebensqualität entsprechend sollte dein Leben erfüllt sein mit Frieden und Ausgeglichenheit. Lerne, mit deiner intuitiven Veranlagung das Gleichgewicht zu finden. Es ist dein Zentrum dessen, was dir als lebenswichtig erscheint. Liebe, Ausgeglichenheit und Frieden sind deine Ziele, wenn du deiner inneren Anlage folgst. Vertiefe deine Fähigkeiten und beginne jetzt damit, denn es ist nie zu spät.

Xaver

Es liegt in der Seelennatur als geistiges Gut:

X: Die Gabe des geistigen Sieges, der sich durch die Arbeit in und an der Materie verwirklichen kann.
A: Hohe Belastbarkeit, Leistungsfähigkeit und Arbeitsfreude.
V: Die Gabe, durch die Kraft des Geistes zu siegen.
E: Körper, Geist und Seele, Verstand, Gefühl und Handlung in Übereinstimmung zu bringen.
R: Liebe zum Leben.
Wenn sich die Persönlichkeit behauptet und nur noch der Materie Aufmerksamkeit schenkt, ergeben sich Verzerrungen in der Lebensqualität und in der Ausdrucksform.

x: Das Ego fühlt sich hin- und hergerissen. Diese innere Zerrissenheit beginnt, sich zu einem Alptraum zu entwickeln.
a: Der unausgeglichene Zustand nagt am Gemüt, und legt sich zwangsweise beklemmend auf die Schwachstellen im Körper. Sehr oft sind es die Atmungsorgane.
v: So erniedrigt man sich selbst, wird begrenzt und uneinsichtig, egozentrisch und kritiksüchtig.
e: Oft möchte man sich der Umwelt entziehen und versucht sich in sein Schneckenhaus zu verkriechen. Man neigt zur Schwerfälligkeit.
r: Die Erwartungen an Partner und Umwelt nehmen zu. Der Wunsch, geachtet und geliebt zu werden, wächst. Die eigene Bereitschaft zu geben ist gering.

Was kann gelernt werden?

X: Lerne, mit deiner Gabe des Geistes deine Materie zu lenken. Laß dein Herz sprechen.
A: Arbeite mit deinen Fähigkeiten.
V: Du hast viele Talente, die du verwirklichen kannst.
E: Beginne bei dir selbst mit der Friedensmission, die du in und von deiner Umgebung erwartest.
R: Begreife, daß die Liebe das höchste Gut des Menschen ist und daß sie die größte Kraft ist, die er besitzt. Arbeite mit Liebe, und es ist Erfüllung in deiner Tätigkeit.

(X)A(V)E(R)

Der erste Buchstabe *X:* Deine Fähigkeit aus dem Geistigen zu schöpfen, um deine Materie damit zu lenken, ist gewaltig.
Der mittlere Buchstabe *V:* Dein Sieg ist dir sicher, wenn du lernst, aus deiner Mitte, aus dem Zentrum deiner Göttlichen Natur, tätig zu sein.
Der letzte Buchstabe *R:* Durch die Liebe entsteht Leben. Die Liebe befähigt dich, dein Ziel zu erreichen. Arbeite an deiner Liebe.

Zusammenfassung

Alle Namen, die ich beschrieben habe, verdeutlichen etwas Wunderbares. Eine Fülle von herrlichen Anlagen und geistig wertvollen Qualitäten verbergen sich in jedem Namen. Alle haben die gleichen Chancen, denn jeder einzelne hat die Talente auf seine Pilgerreise über die Erde mitbekommen, die er benötigt, um diese Reise zu vollenden und zu seinem Ziel zu gelangen.
Wie geht der einzelne mit seinen Anlagen um? Was macht er daraus? Wir haben es in unseren Händen, es liegt an uns, die Fähigkeiten in diesem Leben zu nutzen, um die göttlichen Gaben nicht in eine destruktive Lebensweise laufen zu lassen.
Es ist erstaunlich, wie sich das Befinden eines Menschen verändern kann, wenn er wieder beginnt, mit seinen ursprünglichen Anlagen zu arbeiten. Unser Leben ist eigentlich ein Weg der Mitte, denn wir sollen unseren geistigen Anteil mit dem physischen verbinden lernen.
Unser Gemüt wird bereits einige Zeit vor der Geburt geprägt. Während der neun Monate der Schwangerschaft und in der ersten Zeit des physischen Daseins entwickeln sich die Voraussetzungen für das spätere Leben. Beginnt sich dann das Kleinkind mit seinen natürlichen Bedürfnissen zu melden, hagelt es bereits Ver- und Gebote. Im allgemeinen ist die innere Verbindung zur wahren Seelennatur bis zum dritten Lebensjahr noch geöffnet. Wenn sich aber die kleine Persönlichkeit gegen die Gebote und die Umwelt auflehnen muß, entfaltet sich das Ego, das zur physischen Natur gehört. Es ist ein harter Weg, durch den wir uns da alle zwängen, denn niemand ist da, der Kinder über ihre geistigen Anlagen aufklärt.
Eine harte Schale bildet sich um einen liebevollen, weichen

Kern, und wie schwierig es ist, sich von diesen Verhärtungen wieder zu lösen, wissen wir alle.

Es wäre sehr einfach, den großen Schritt zu sich selbst zu tun, wenn das Ego begreifen würde, daß es besser und einfacher wäre, sich mit der höheren Bewußtseinsebene, mit der göttlichen Seelennatur, zu verbinden. Aber das ist der schwerste Schritt, denn der Irrtum, sich als Persönlichkeit aufgeben zu müssen, belastet viele Gemüter.

Über die Namensanalyse können wir auch Einblicke erhalten in das geistige Feld der Völker und Nationen, der Rassen und der Kontinente, denn auch sie haben ihre Namen – geschichtlich betrachtet – verändert. Ebenso haben sich Ansichten, Verhaltensformen, geistige Grundfundamente gewandelt. Aber die Seele des Volkes arbeitet immer noch nach ihrem geistigen Grundplan und versucht, sich zu vollenden.

Die Analysen sollen dazu beitragen, ein besseres Verständnis für den Partner und für das Familienfeld zu entwickeln und sollte nie zu einer Beurteilung führen. Keiner kann seinen eigenen Schatten überspringen oder sich anders geben, als er sich fühlt. Sehr oft befinden wir uns in Spannungszuständen, die uns beunruhigen. »Erkenne deine Qualitäten und versuche deine geistigen Fähigkeiten so zu nutzen, daß du dem großen Plan folgen kannst. Bringe deiner Umwelt und deinem Partner Verständnis und Liebe entgegen, denn nur durch Liebe kannst du wertvolle Veränderungen herbeiführen. Ein Weg zum Verständnis öffnet sich.«

Viele Ehen werden geschlossen und wieder gelöst. Viele Namen werden angenommen und wieder gelöscht, um durch neue Namen ersetzt zu werden. Jedesmal ist ein kleiner Lernschritt, eine kleine Erleuchtung oder Erkenntnis zu verzeichnen, wenn man nur willig ist. Jeder bekommt das Feld, das er benötigt, um seine Schwächen zu überwinden.

Wir sind am Anfang eines Weges, der uns viele Möglichkeiten bietet, uns zu verwirklichen. Es gibt nur eine Kraft, die stark genug ist, daß wir uns erhalten können! Dies ist und bleibt die Liebe! Sie durchzieht alle Bereiche des Lebens, der Welten, des Kosmos. Sie transformiert sich ständig.

Wir sollten schnellstens begreifen lernen, daß es für uns lebens-

wichtig ist, innere Ruhe und Ordnung herzustellen, inneren Frieden und Harmonie. Die Welt kann nur das Chaos widerspiegeln, das wir in uns tragen. Wir tragen aber auch die Schönheit, die Liebe und das Licht in uns, warum wenden wir sie nicht an? Ist die Materie so wichtig, daß wir uns gegenseitig auffressen? Sind wir bereits so stumpfsinnig, dahinvegetierende Organismen geworden, die sich nur vernichten? Wenn wir diese Richtung einschlagen, bleibt uns in einiger Zukunft nur ein trostloses Pflaster, das mit manipulierten Intelligenzbestien versehen ist. Die Zukunft ist dann das Resultat der Gegenwart.
Für eine Veränderung ist es nie zu spät. Jeder ist befähigt, daran mitzuarbeiten, einen gesunden Lebensraum zu entwickeln. Denn indem du dich veränderst, verändert sich die Welt. Deine Zukunft ist offen genug für deine Korrekturen, denn du bist nicht nur ein Namensträger, sondern ein Lichtträger. »Schau auf die Sonne und werde wie sie!«

Laß dich begleiten von diesem Satz:
Lerne mit *Liebe* zu *Leben* und bringe mit *Freude* den *Frieden* zum Ausdruck, um dich in *Freiheit* zu verwirklichen!

Nähere Informationen und Hinweise für Seminare zu diesem Thema sowie Namenanalysen sind über folgende Anschrift erhältlich:

Monika Reiz
Moritz-Bloch-Weg 2
8000 München 60
Tel. 0 89/87 09 68

Der brasilianische Bestseller-Autor Paulo Coelho –
endlich in deutscher Übersetzung.

EIN EINGEWEIHTER

Über ein Jahrzehnt hat sich Paulo Coelho mit einer der
ältesten und geheimnisvollsten Künste der Menschheit
beschäftigt – mit der Alchimie. Er reiste zu den
Pyramiden und in die Sahara. Es wurde eine Reise ins
Meister-Bewußtsein. Die Niederschrift seiner okkulten
Er-Fahrungen faszinierten Millionen von Lesern.
In seiner Heimat wurde sie zu einem Kultbuch:

Der Schatz der Pyramiden
Kart., 146 S., ISBN 3-8138-0208-6

Später durchwanderte Paulo Coelho in drei Monaten
den 700 km langen Jakobsweg – auf der Suche
nach den Geheimnissen der Magie. Und auf dieser
Wanderung erfährt er mystische Einweihungen:

Die heiligen Geheimnisse eines Magiers
Kart., 155 S., ISBN 3-8138-0228-0

Peter Erd Verlag